马来西亚
华人史

研究的理论与方法

宋燕鹏　主编

中国海洋大学出版社
·青岛·

图书在版编目（CIP）数据

马来西亚华人史研究的理论与方法 / 宋燕鹏主编．—青岛：中国海洋大学出版社，2023. 10

ISBN 978-7-5670-3246-0

Ⅰ. ①马… Ⅱ. ①宋… Ⅲ. ①华人－历史－研究－马来西亚 Ⅳ. ① D634. 333. 8

中国版本图书馆 CIP 数据核字（2022）第 152812 号

MALAIXIYA HUARENSHI YANJIU DE LILUN YU FANGFA

马来西亚华人史研究的理论与方法

出版发行	中国海洋大学出版社		
社　　址	青岛市香港东路 23 号	**邮政编码**	266071
出 版 人	刘文菁		
网　　址	http://pub. ouc. edu. cn		
电子信箱	flyleap@126.com		
订购电话	0532-82032573（传真）		
责任编辑	张跃飞	**电　　话**	0532-85901984
印　　制	日照日报印务中心		
版　　次	2023 年 10 月第 1 版		
印　　次	2023 年 10 月第 1 次印刷		
成品尺寸	170 mm × 240 mm		
印　　张	12. 5		
字　　数	152 千		
印　　数	1 ～ 1 000		
定　　价	66. 00 元		

发现印装质量问题，请致电 0633-2298958，由印刷厂负责调换。

前言
Preface

赤道的炎炎烈日，蕉风椰雨中的热带风情，是马来西亚代表性的意象，而这些与中国北方截然不同的异域风情，足以深深吸引从华北小县城走出来的我。2012年11月1日我踏足大马，经过一段时间的思考，2013年6月决定转换学术跑道，从中国古代史转型研究马来西亚华人史。这个转型说起来似乎云淡风轻，但事实上内心的挣扎与不舍，贯穿了疫情前的六七年时光，直至2019年才基本上全力以赴新的领域。算起来，涉足马来西亚华人史领域不知不觉已经走过了十个年头。

回望这十年的研究之路，基本上是用本硕博、博士后期间所学到的历史学的传统演绎归纳法，以及区域社会史的研究范式，来研究马来西亚华人史，虽然小有成就，但是历史学的传统研究方法对传世文献为主的中国史来说，是颇有成效，但是对马来西亚华人史研究就有他的局限了。局限的来源，就在于中文史料和外文史料获取的困难。中文史料没有人做传世文献那种地毯式的搜集整理，比如碑刻、墓碑、会议纪要、报纸等等，只能依靠研究者的大量田野去拍照和整理。外文史料尤其是以英文史料为主，保存在英殖民政府的大量政府文献中，比如宪报，法律文书，官方文件等等。这些都只能依靠研究者自己亲临档案馆动手去翻阅，而且这些文件大部分无法通过网络获取。这些都增加了马来西亚华人史的研究难度。

从另一个角度来说，历史学的学科训练是造就了研究者的宏观视野和历史感，而社会学、人类学等社会科学则提供了研究者的微观体察，因此立足历史学本位，以社会学、人类学等学科作为帮补，是十年来我在研究马来西亚华人史的过程中逐渐意识到的重要问题。因此，基于此，筹划出版一本马来西亚华人史研究的理论与方法的书，就悄然埋下了种子。当然，将这个想法付诸实际，需要不同的因缘。

马来西亚拉曼大学中华研究院副教授陈爱梅(Tan Ai Boay)博士,是这本书付诸实际的重要推手。我和她相识于2013年6月的新加坡的谢明达在马来亚大学的演讲会场。彼时她刚写完博士学位论文,尚未工作,我那时恰好在马来亚大学中文系访学,处于学术跑道转型的关键期。演讲结束后我们在一个素食馆聚会,谈到彼此的学术研究,发现研究领域是非常契合的,十分惊喜。由此开启我们持续十年的学术合作。不止一次,我们在带领研究生从事田野考察的途中,谈到马来西亚华人史研究的现状与不足,以及如何培养研究生的问题。由此,逐渐形成编写一本马来西亚华人史研究的理论与方法的书的想法,就成为我们的共识。

另外一个重要的推手,是现任马来亚大学文学院院长黄子坚(Danny Wong Tze Ken)教授。当我在马来亚大学访学的时候就在学术会议见到过他,但是并未做深入交流。中间见过几次,也就是礼貌性寒暄。2014年1月我回国前才有机会单独向黄教授请教,但彼时自己所知尚浅。直到2018年下半年他来北京大学任客座教授,我才得以在北京和他有较长时间的交流,其中对马来西亚华人史研究现状的不足和问题也有过深入的沟通。其间我提到编一本马来西亚华人史研究的理论与方法的书的想法,黄教授表示大为赞同,而且表示他有一篇英文论文对这本书会很有帮助。这篇论文黄教授很快就电邮给我,而我一直拖到疫情中居家隔离,才有空集中时间翻译出来这篇论文,并有幸被《南洋资料译丛》2022年第1期刊发。这就是本书第一篇论文。由衷感谢黄教授的支持。

这本论文集的主体,是我2018年9月14日在广东陆丰组织的“马来西亚华人史研究的再出发:理论、方法与实践”工作坊所提交的论文。其中,张维安教授、安焕然教授、陈耀威先生、白伟权博士的论文直接收录于本书,陈爱梅博士另外写了一篇。我们又邀请对英文档案颇有心得的黄裕端博士撰写了一篇。此外,陈爱梅和黄益端博士共同翻译了卢慧玲教授的一篇写槟城华人的论文,最后加上我在《华侨华人文献学刊》曾经刊发过的一篇对马来西亚华人史中文史料概述的论文,就构成这本书的全部内容。

编这本论文集的初衷,是为涉足马来西亚华人史领域的人提供一本方法论的书,尤其是中文史料和英文史料在事实上是不可偏废的,但是现状是中文学界不怎么看英文档案,而不少英文源流的学者却不懂中文,或者很少用中文史料。虽然中文史料和英文史料各自用到极致,也能成名成家,但是为了这个领域的成长和成熟,必须在初学者进入这个领域的时候,头脑中就带上这样一根弦。二者皆重,才是最佳。黄子坚教授、卢慧玲教授、黄裕端博士、宋燕鹏教授的论文合起来说明了这一问题。另外一个角度是,马来西亚不仅有东马和西马的区别,每个州属的情况也大相径庭,华人历史的变迁在各个城镇也都带有各自的特点，宏大叙事虽然存在，但是每个地方所经历的情况和对大历史的反应却各不相同。因此，区域史的视野，是研究者所必须有的关照。本论文集里的安焕然教授和陈爱梅博士的论文就体现了这一点。第三个需要关照的角度，是跨学科的视野，上文已经提到，历史学的本位是必须的，但是社会学、建筑学、地理学等学科对马来西亚华人史的研究具有特别重要的帮补，张维安教授、陈耀威先生、白伟权博士的论文就验证了这一点。

从这本论文集酝酿开始的2017年下半年，到正式出版的2023年10月，不仅穿越了三年疫情，而且参与本书的每个人都发生了变化。最令人痛心的是陈耀威先生在2021年11月28日不幸去世，永远离开了我们。我和他在清和社楼上的工作室一起畅谈，在古迹区一起吃炒粿条，在极乐寺一起田野聊八卦，在陆丰一起爬山看台风。2020年底的时候约好我去厦门的时候找他玩，没想到过年他就回国治病了。再传来的消息就是去世了。今年5月我去槟城的时候，专程去他的牌位前上香，以表缅怀。他出身建筑学专业，但是对历史建筑的维护身体力行，正直勇敢，对学术资料的开放胸怀，使我深受感动。谨以姗姗来迟的此书，献给这位“槟城的守护人”。

时代在前进，学术也在前进，故步自封和夜郎自大都是不正常的学术表现。学术界不需要自诩的“大师”，需要脚踏实地进行基础研究，如专研档案，或行脚田野、身体力行做研究的同路人。这部论文集是中、马两国从事马来西亚华人史的学者出于共同的学术志向的成果。希望这本论文集的出版，能够为推动马来西亚华人史的研究略尽绵薄之力。

目录

Contents

通 论

个 案

通　论

书写马来西亚华人史

——新趋势和跨过两种语言圈之间的隔阂*

黄子坚

（马来亚大学历史系）

导　言

在马来世界里的华人踪迹可以被追踪到两个世纪之前。然而，到了19世纪，马来（西）亚才出现大规模的华人社群，当时华人主要是从中国华南地区迁移到南洋（东南亚）各地。彼时，少数华人是商人，大部分则是劳工和工匠。前者通常集中在城镇，后者分散在不同的矿场和种植场。

随着缓慢的增长，马来西亚的华人群体在2000年的时候已经超过500万人，占整个马来西亚人口总数的26%。华人已经从侨居者变为定居者，参与这个新兴国家的政治活动：首先是马来亚的独立，而后是马来西亚的组成，尤其是成为马来西亚的公民。马来西亚华人脱离了他们先前的职业模式——商人、劳工和矿工，他们的职业几乎涵盖了各个层面，诸如政府公务员、警察、防卫部队以及政府部长等。

华人社群的起源以及演变已获得学者们的诸多关注。学者们从不同的角度研究这一社群，包括他们的历史、宗族，以及不同的地理分布等，并出版了许多相关研究成果。

* 笔者要感谢一些人对本文的帮助。他们慷慨地分享有关主题的信息以及提供视野。尤其要感谢李锦兴博士提供其尚未出版的马来西亚华人历史的手稿。

本文将追溯马来西亚华人历史研究和写作的演变，分析研究人员面临的问题，并对未来研究的可能方向提出一些建议。提出尽管多年来在马来西亚华人历史的写作方面取得了相当大的进展，但仍有间隙待填补。这就必须采用超越传统的调查方法，以更有意义的方式审查族群的历史进展，将族群的历史置于更大的马来西亚历史框架中。这表示，研究者需要投入以前没有引起足够重视的新领域。

一、从宏观考察到微观研究

最早开始在马来西亚华人领域开展研究，要归功于英国学者和管理者——诸如巴素（Victor Purcell）的两本著作，《马来亚华人》（*Chinese in Malaya*）（1948）（图 1）和《东南亚华人》（*The Chinese in Southeast Asia*）（1951），提供了初步的调查框架。巴素采用了调查方法，通过追踪马来亚和英属婆罗洲华人族群（在他有关东南亚的那本书）的起源和演变，为进一步深入此类研究铺平了道路。①

1967 年，黄尧带来第一本用中文书写的马来西亚华人历史。全书基本上全部使用中文资料，他的研究也包括新加坡华人历史。② 这本书最近又同名再版。他的书涵盖了每个州的华人族群的历史，也包括有关文莱的一章。尽管文字与历史调查有些类似，但是也包含了其他一些著作，尤其是用英文书写的著作没有的内容。

在此之后，需等近 20 年，才有新的马来西亚华人史著作问世。1984 年，林水檺和骆静山带领一群学者，用中文书写马来西亚华人史。③ 这套书涵盖了广泛的主题，也趋向于涵盖整个世纪。如同其他关于马来西亚的著作，它聚焦于西马半岛。不过，他们的研究工作忽略了东马的华人。其影响是有限的，因此它的出版在中文圈以外并不特别知名。

---

① Victor Purcell, *The Chinese in Malaya*, Singapore: Oxford University Press, 1948; Victor Purcell, *The Chinese in Southeast Asia*, Singapore: Oxford University Press, 1951.

② 黄尧：《星马华人志》，香港：明鉴出版社，1967 年。

③ 林水檺、骆静山编：《马来西亚华人史》，吉隆坡：马来西亚留台校友总会，1984 年。

图 1 《马来亚华人》(*Chinese in Malaya*)

1994 年,新的一群马来西亚华人学者,在林水檺的带领下,再一次用中文书写马来西亚华人历史,其书名是《马来西亚华人史新编》。该书经历四年完成,通过不同主题探索族群历史。编者回应了检讨历史和由当地华人书写历史的需要。① 与 1984 年版不同,它覆盖了东马,其中收集了适量有关华人在沙巴和沙捞越的历史信息,几位东马人对这一版做出具体贡献。

与 1984 年版相比较,1994 年版范围广泛,涵盖了诸如教育、社会、文学、政治、人口统计、新村、信仰和报纸。然而,和 1984 年版的努力类似,

① 林水檺、何启良、何国忠等编:《马来西亚华人史新编》,吉隆坡:马来西亚中华大会堂,1994 年。

新的版本依然缺乏读者。它突然从市场消失后就寂然了，成了这个领域的学者偶尔参阅的书籍。[①]

在林水檺和他的同事们努力的同时，马来亚大学的学者李锦兴和陈志明试图推出另一本用英文书写的马来西亚华人历史专著。[②]与林水檺及他的同事一样，李锦兴和陈志明认为最后一版的马来亚华人通史是巴素在 1948 年的作品（很显然，他们忽视了林水檺等人的著作）。编者指出，华人族群已经发生了变化，产生了巨大的改变，需要一项新的调查来重新审视其发展，和在巴素开创性工作以来发生的变化背景下取得的进展。然而，编者们坦诚："这本书所涵盖的主题目录并不详尽……希望能接受这本书有所遗漏。"[③]这本新书不是一本通史，而是一本关于马来西亚华人社会各方面的论文集，诸如他们的宗教和文化，大多数撰稿人采用了历史调查方法。两章分别涉及东马来西亚的沙巴和沙捞越，但没有很好地与西马来西亚更大的华人族群相结合。

毫无疑问，林水檺等人以及李锦兴和陈志明的著作对马来西亚华人研究有重要贡献。虽然两个学者团队都以提供新的视角来理解马来西亚华人社会的发展，但他们的方法和覆盖面存在明显差异，主要是在所涉学者的背景上的差异。

林水檺的团队几乎完全由那些专门用中文写作的人组成，而李锦兴和陈志明的撰稿人主要是受英语教育的。唯一例外的是颜清湟，他是所有三个早期历史研究的双语贡献者。这种语言差距不可避免地导致了马来西亚华人历史研究的思路与方法出现了两条路线。

差距不仅存在于语言方面，还存在于方法和信息来源方面。虽然两个团队都强调华人族群内已经发生变化，但他们的侧重点和专业化的领域却是不同的。用中文写的研究往往有更多的文化倾向；而那些用英语

---

① 赞助者马来西亚中华大会堂，是马来西亚最大的华人组织。在出版之后，它对书中的一些内容感到不快，在出版后不久，就将这本书退出发行领域。

② Lee Kam Hing, Tan Chee Beng, *The Chinese in Malaysia*, Kuala Lumpur: Oxford University Press, 2000.

③ Lee Kam Hing, Tan Chee Beng, *The Chinese in Malaysia*: xxix.

写作的人通常关注的是发展和与更大的框架有关的族群的变化，包括国家。那些用中文书写的，富于细节和轶事；而用英语的则内容更概括，主题更广泛。

在资料来源方面，用中文撰写的文本资料来源包括华人团体发布的材料和出版的报纸；而英文版则更倾向于依靠英文和马来文的官方文件。这不可避免地反映了主体被处理的不同方式。有一些专业历史学家在20世纪60年代以中文作为主要教学语言之一的南洋大学接受过教育，并且在中国台湾或中国香港（如香港中文大学）进修过。他们虽然属于中文群体，但他们的途径和方法为他们的英文同道所相容。

两个群体之间的差异不仅限于他们使用的语言，也在于他们的途径和方法的使用。这导致李锦兴和陈志明的著作几乎忽视了中文书写的资料；而为林水檬著作做出贡献的作者，则更加熟练地使用中文和更加依靠用中文书写的资料。

在李锦兴和陈志明版的前言——《华人在马来西亚》里，王赓武注意到林的版本和两个群体不同的路径。他敦促每个群体查阅其他文本和敦促那些没有接受过中文训练的人加倍努力使用中文资料。

这两个最近的探索工作之间的差异点，指向一个不断扩大的马来西亚华人历史研究的两个主要流派的取向和思想上的裂痕。

二、主题探讨

（一）与中国的联系

关于马来西亚华人历史的一类研究，主要集中在华人本土宗族和方言群。第一类涵盖马来西亚华人和中国的历史联系、个人及其参与政治（包括两次世界大战期间）、传记、经济活动、社会事务（包括宗教活动）和社会文化组织。第二类涵盖了不同地理分布的华人的地方历史，包括马来西亚的一些小城镇以及各种宗族和方言群在不同地方的历史。本文将重点介绍在这两个方面值得注意的几部著作。

王赓武是研究华人与中国之间历史联系的先驱者之一。他开始研究中国与马六甲的关系，并在此过程中揭示了太监尹庆所扮演的角色。[①]虽然王赓武将自己的兴趣扩展到审视在新的政治进程中华人的角色和参与，但颜清湟研究了马来西亚华人与新加坡之间的实际联系，以及正在经历巨大政治动荡的中国。他对南洋华人（包括马来亚和新加坡）参与辛亥革命的研究在今天仍然是经典。[②]马来西亚华人与中国的联系在第二次世界大战之前和期间被重新激发。为此类研究做出巨大贡献的人有梁文勇（Stephen Leong）和许云樵[③]。日本学者明石阳至（Yoji Akashi）的作品涉及早期联系中国和马来西亚华人之间的外交[④]。颜清湟研究了清政府努力从马来亚和新加坡华人移民获得的支持情况。日本学者原不二夫（Fujio Hara）追溯了战后马来西亚华人与中国的关系以及身份问题的变化（图 2）。[⑤]在砂拉越，刘子政致力于中国驻婆罗洲领事馆的历史，其研究突显了中国政府与华人社区的紧密联系。[⑥]

---

① Wang Gungwu, "The Opening of Relations between China and Malacca (1403-1405)", in J. S. Bastin and R. Roolvink (eds), *Malaya and Indonesia Studies: Essays Presented to Sir Richard Winstedt*, London: Oxford University Press, 1964.

② Yen Ching-Hwang, *The Overseas Chinese and the 1911 Revolution with Special Reference to Singapore and Malaya*, Kuala Lumpur: Oxford University Press, 1976 and "Overseas Chinese Nationalism in Malaya and Singapore, 1877-1912", *Modern Asian Studies*, Vol. 16, No. 3, 1982.

③ Stephen Leong Mun Yoon, "The Malayan Overseas Chinese and the Sino-Japanese War (1937-1941)", *Proceedings of the Asian Studies Association of Australia National Conference, Vol.2*, Sydney: 1978; see also Chua Ser Koon and Hsu Yun-Ts'iao (eds.), *Malayan Chinese Resistance to Japan 1937-1945: Selected Source Materials*, Singapore: Cultural and Historical Publishing House Pte. Ltd., 1984 (Articles in Chinese and English).

④ Yoji Akashi, *The Nanyang Chinese Salvation Movement 1937-1941*, Lawrence: Center for East Asian Studies, University of Kansas, 1970 and "The Nanyang Chinese Anti Japanese and Boycott Movement, 1908-1928: A Study of Nanyang Chinese Nationalists", *Journal of South Seas Society*, Vol. 23, No. 1 & 2, 1968.

⑤ Fujio Hara, *Malayan Chinese and China: Conversion in Identity Consciousness, 1945-1957*, Singapore: Singapore University Press, 2003.

⑥ Yen Ching Hwang, "Ch'ing's Protection of the returned Chinese after 1893, with special reference to the Chinese in Southeast Asia", *Review of Southeast Asian Studies*, Vol. VX, 1985; 刘子政：《中国驻婆罗洲领事馆史略》，诗巫：砂拉越华族文化协会，2000 年。

图 2 原不二夫《马来亚华人与中国：身份意识的转变 1945-1957》
（*Malayan Chinese and China*：*Conversion in Identity Consciousness*，*1945—1957*）

（二）政治史

马来西亚华人参与政治一直是历史研究中比较受欢迎的主题。这一领域的先驱之一是王赓武。他在马来亚大学历史系任职期间，非常关注参与马来西亚政治的两种不同的华人群体涉足马来西亚政治的角色，以及与英国和马来精英的关系。他在新马来亚和马来西亚国家建立的关键早期阶段进行了几项研究。① 后来的学者，包括 Oong Hak Ching，重点研究了战争结束后华人在 1957 年实现独立的作用。② 然而，关于中国

① Wang Gungwu, "Traditional Leadership in a New Nation: The Chinese in Malaya and Singapore", in S. Takdir Alisjahbana, Xavier S. Thani Nayagam, and Wang Gungwu (eds), *The Cultural Problems of Malaysia in the Context of Southeast Asia*, Kuala Lumpur: The Malaysian Society of Orientalists, 1965 and "Chinese Politics in Malaya", *The China Quarterly*, No. 43, 1970.

② Oong Hak Ching, *Chinese Politics in Malaya 1942-55*: *The Dynamics of British Policy*, Bangi: Universiti Kebangsaan Malaysia Press, 2000.

人在沙巴和砂拉越在马来西亚联邦成立中的作用的研究很少。1963年，Edwin Lee的《沙巴的头家》(*The Towkays of Sabah*)是一个例外。[①]

非华裔学者Mohamed Noordin Sopiee参与协助研究华人在新加坡与马来西亚分离中的作用，而Gordon Means则考察了华人政党的角色和表现。尽管这两位学者都是政治学家，但他们能够提供对马来西亚华人群体利益和政治相互作用的见解[②]。华人政党马来西亚华人公会引起了钟碧君(Heng Pek Khoon)的注意[③]，梁文勇(Stephen Leong)为1979年的该党的研讨会写了MCA的早期历史[④]。詹远豪(James Chin)和黄子坚已经研究过沙巴和砂拉越的华人政党，它们更加本地化，反映了马来西亚华人历史的第二类研究。[⑤]

其他学者研究了华人参与马来亚共产主义运动的情况。谢文庆(Cheah Boon Kheng)的《红星照耀马来亚》(*Red Star over Malaya*)(图3)为我们提供了许多有价值的信息，并且仍然是马来亚共产党(MCP)研究的重要参考文献之一。日本学者原不二夫(Hara Fujio)研究了华人对马来亚共产党的领导。[⑥] 近50年来，特别是自1989年马来亚共产党的武

---

① Edwin Lee, *The Towkays of Sabah*, Singapore: Singapore University Press, 1976.

② Mohamed Noordin Sopiee, *From Malayan Union to Singapore Separation*, Kuala Lumpur: University of Malaya Press, 1976; Gordon P. Means, *Malaysian Politics*, London: University of London Press, 1970 and *Malaysian Politics: The Second Generation*, London: Oxford University Press, 1991.

③ Heng Pek Khoon, *Chinese Politics in Malaysia: A History of the Malaysian Chinese Association*, Singapore: Oxford University Press, 1992.

④ Stephen Leong, "The MCA in Malaysian Politics: A Brief History", Paper presented at the MCA Political Seminar on the Future of the Chinese Community in Malaysia, Kuala Lumpur, 6 May 1979.

⑤ James Chin Ung-Ho, *Chinese Politics in Sarawak: A Study of the Sarawak United Peoples' Party*, Kuala Lumpur: Oxford University Press, 1997 and Danny Wong Tze Ken, "Weaker King makers? Chinese Politics in Sabah under Mahathir", in Bridget Welsh (ed.), *Reflections, the Mahathir Years*, and Washington DC: Southeast Asian Studies Program, John Hopkins University, 2004, pp. 199-209.

⑥ Cheah Boon Kheng, *Red Star over Malaya*, Singapore: Singapore University Press, 1983 and Hara Fujio, "Leaders of the Malayan Communist Party during the Anti-Japanese War", Paper presented at the International Malaysian Studies Conference, 2-4 August 1999.

装斗争结束以来出现了一种新的文学类型，主要由前成员的回忆录和口述回忆组成，这将在后面的章节讨论。[1]

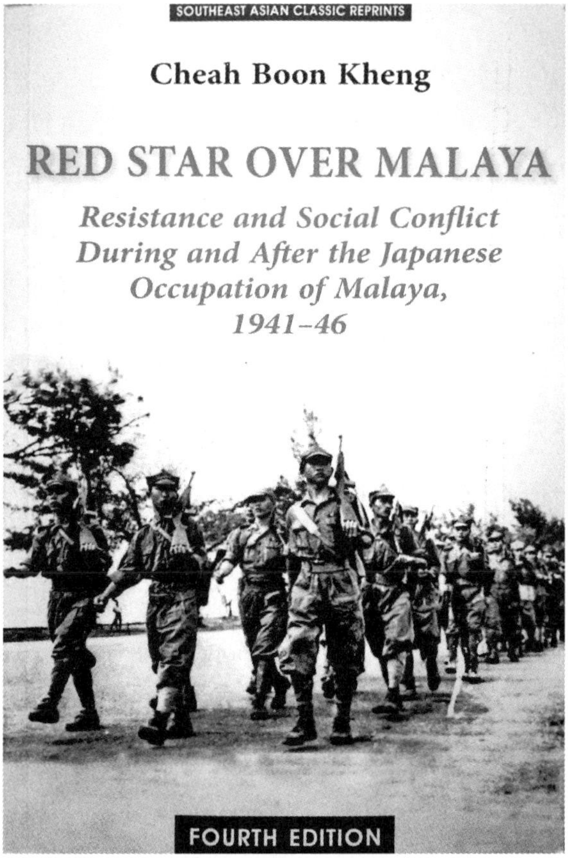

图 3　谢文庆《红星照耀马来亚》(*Red Star over Malaya*)

（三）传记

与政治史研究密切相关的是华人的传记和自传。这类著作相当丰富，尽管大多数都不是严格意义上的完整传记。关于个人的传记资料的汇编，更早以“谁的谁”（Who's Who）的形式开始。最近以类似形式进行的一项研究是李锦兴和周文成(Chow Mun Seong)的《马来西亚华人传

① See Liu Jianquan, *Qing Shan Bu Lao*: *Ma Gong De Li Chen* (Green Mountain Would Not Whither: The Struggle of the MCP), Petaling Jaya: Sin Chew Jit Poh, 2004 . and Ying Minqin, *Di Shi Zhi Dui Yu Li*: *Jing Ji Man Tu de Ma Lai Ya Min Zu Dou Zheng Shi* (History of the Struggle of the People of Malaya), Kuala Lumpur: Ce Lue Zi Xin Yan Jiu Zhong Xin, 2005.

记辞典》(*Biographical Dictionary of the Chinese in Malaysia*)①。比这本辞典更早的是五卷本的《南洋名人集传》。这些传记由马来亚和新加坡人所主导。②

马来西亚华人一些重要政治人物的完整传记已经出版。爱丽丝·斯科特–罗斯(Alice Scott-Ross)关于马来亚华人公会创始人——敦陈祯禄爵士(Tun Sir Tan Cheng Lock)的传记是这种类型著作的先驱。敦陈祯禄的儿子——马来西亚财政部前部长、马来西亚华人公会前领导人敦陈修信(Tun Tan Siew Sin)的政治传记是陈红民(Chin Hon Min)撰写的硕士论文的主题。③ 皇家亚洲学会马来西亚分会出版了两本关于吉隆坡叶亚来(Yap Ah Loy)和陈振永(Chan Wing)的华人人物的传记。④ 当然其他几位学者也研究过叶亚来,尤其是他作为吉隆坡创始人的角色。⑤ 最近对叶亚来的一项研究是陈亚才主编的有关该人及其与吉隆坡的联系的短文集⑥(图 4)。该文专注于他的一生及其在马来内战中的角色,从他在森美兰(Negeri Sembilan)的低贱出身,到开辟吉隆坡。相关论文还有柯雪润(Sharon Carstens)最初发表在《东南亚研究》(*Journal of Southeast Asian Studies*)期刊上的关于叶亚来的论文。

---

① Lee Kam Hing and Chow Mun Seong, *Biographical Dictionary of the Chinese in Malaysia*, Petaling Jaya: Pelanduk Publications and Institute of Advanced Studies University of Malaya, 1997.

② 林博爱主编:《南洋名人集传》(五卷本),槟城:南洋民史纂修馆,1922—1941 年。

③ Alice Scott-Ross, *Tun Dato Sir Cheng Lock Tan: A Personal Profile by his daughter*, Singapore: Scott-Ross, 1990 and Chin Hon Min, "Tun Tan Siew Sin: Kegiatan dalam Politik dan Ekonomi Malaysia", MA Thesis, Department of History, University of Malaya, 1993.

④ S. M. Middlebrook, *Yap Ah Lay, 1837-1885*, Kuala Lumpur: MBRAS, 1983 and Chan King Nui, *From Poor Migrant to Millionaire: Chan Wing, 1873-1947*, Kuala Lumpur: MBRAS, 1997.

⑤ SharonA. Carstens, "From Myth to History: Yap Ah Loy and the Heroic Past of Chinese Malaysians", *Journal of Southeast Asian Studies*, Vol. XIX, No. 2, 1988. 中文视角可见李业霖:《吉隆坡开拓者的足迹:甲必丹叶亚来的一生》,吉隆坡:马来西亚华社研究中心,1997 年;刘崇汉编著:《吉隆坡甲必丹叶亚来》,马来西亚中华大会堂总会,1998 年。

⑥ 陈亚才主编:《与叶亚来相遇吉隆坡》,吉隆坡:吉隆坡广东义山管理委员会,2006 年。

图 4　陈亚才主编《与叶亚来相遇吉隆坡》

林姵婉(Patricia Lim Pui Huen)撰写了她的外祖父黄亚福的传记。黄亚福是早期现代柔佛州发展的重要贡献者[①]。这是一项基于官方和家庭记录的艰苦研究工作。

也许在马来西亚撰写华人人物传记最雄心勃勃的尝试是由一群马来西亚和中国台湾学者撰写的三卷本华人传记。这项研究由林水檺(Lim Chooi Kwa)及其同事所领导。这部著作首先由在台北的“中央研究院”出版,后来再由马来西亚华社研究中心在吉隆坡出版。每一卷都集中于政治、商业和文化(特别是教育)中的华人。[②]

2006 年出版了一本名为《马来西亚之子:马来西亚著名人物故事》的两卷新传记[③]。收录该书旨在“向年轻一代灌输勇气和辛勤工作的品质”。该书收录了为马来西亚的历史和发展做出贡献的个人简短传记。其中首先是从东姑·阿都拉曼到阿卜杜拉·艾哈迈德·巴达维的五位马来西亚总理的传记;其次是华人的故事,从吉隆坡开拓者叶亚来开始,

---

① P. Lim Pui *Huen*, *Wong Ah Fook: Immigrant, Builder and Entrepreneur*, Singapore: Times Editions, 2002.

② 林水檺、何启良、何国忠主编:《马来西亚华人历史与人物》(三卷本),台北中研院 2001 年繁体字版;马来西亚华社研究中心 2003 年简体字版。

③ Wang Hong (ed), *Stories of Famous Personalities of Malaysia*, Kuala Lumpur: Novum Organum, 2006.

到现代房地产开发商杨忠礼(Yeoh Tiong Lay);还收录了“无法回归的马共秘书长”——陈平(Chin Peng)的传记[①]。

(四)不同地域的历史

华人研究的分支是华人在不同地区的历史。部分著作覆盖面广,侧重于特定地理区域或州的华人,或较小的聚居点。韩新丰(Han Sin Fong)1975年的作品是关于沙巴的华人和他们的职业模式。黄子坚关于1946年之前沙巴华人更为全面的社区历史专著于1998年出版(图5)。关于方言群,韩新丰对沙巴的海南人、张德来对沙巴的客家人、陈志明(Tan Chee Beng)对西海岸的华北人分别进行了研究。[②] 谢诗麟(Seah Soo Lin)对铁路小镇保佛(Beaufort)华人社区的微观研究,追溯了他们在铁路上的工作,以及他们如何在1898年帮助建立乡镇。[③]

关于砂拉越的华人的研究,田汝康(Tien Ju K'ang)在1953年完成的开创性著作,并于1997年重新出版;John Chin的 *The Sarawak Chinese* 于1981年出版;周丹尼 Daniel Chew 的 *Chinese Pioneers on the Sarawak Frontiers* 则于1990年出版。[④] 杨敬记(Paul Yong)研究了石隆门(Bau)华人矿工,为华人和执政的布鲁克家族之间的早期互动提供了视角。[⑤]Daniel

① Wang Hong (ed), *Stories of Famous Personalities of Malaysia*, Kuala Lumpur: Novum Organum, 2006, pp. 70–77.

② Han Sin Fong, *The Chinese in Sabah, East Malaysia*, Taipei: The Chinese Association for Folklore, 1975; Danny Wong Tze Ken, *The Transformation of an Immigrant Society*, London: Asean Academic Press, 1998; Han Sin Fong, "The Hainanese of Sabah", *Journal of Southeast Asian Studies*, 1975;张德来:《沙巴的客家人·客家华人贡献沙巴州现代化之探讨》,亚庇沙巴神学院2002年版;Tan Chee Beng, "The Northern Chinese of Sabah, Malaysia: Origins and Some Sociocultural Aspects",《亚洲文化》1997年第21期。

③ Seah Soo Lin, *Bao Fo Hua Ren Shi* (The Chinese in Beaufort), Kota Kinabalu: Capital Printing, 1995.

④ Tien Ju-K'ang, *The Chinese of Sarawak*, London: Department of Anthropology, London School of Economics and Political Science, 1953; republished under the same title by the Research and Resource Centre Committee, Sarawak United People's Party in 1997; John Chin, *The Sarawak Chinese*, Kuala Lumpur: Oxford University Press, 1981 and Daniel Chew, *Chinese Pioneers on the Sarawak Frontier, 1841-1941*. Singapore: Oxford University Press, 1990.

⑤ Paul Yong, *A Dream of Freedom: the Early Sarawak Chinese*, Petaling Jaya: Pelanduk Publications, 1991.

Chew 的研究工作也涉及了石隆门的客家金矿工人。

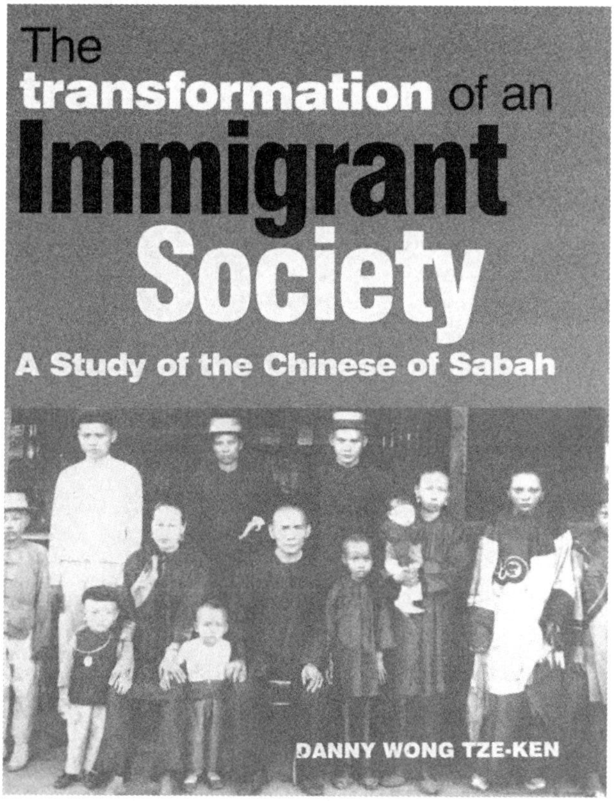

图 5　黄子坚《一个移民社会的转型：沙巴华人的研究》
（*The Transformation of an Immigrant Society*）

在马来半岛，由卫理公会传教士带来的霹雳州实兆远（Sitiawan）的福州人作为一个独特的社区被研究。参见江伟爱（Gong Wei Ai）1977 年的研究。该研究调查了社区的迁移过程。此处，该领域还有由施敦祥（Shih Toong Siong）进行的详细研究。[①] 陈长兴（Tan Chuan Hin）的《金宝 100 年（1886—1986）》[②]（图 6）从华人视角介绍了一个城镇的历史和发展。

① Gong Wei Ai, "Sejarah Pemindahan Orang Foochow ke Sitiawan", *Paper on Chinese Studies*, No. 1, University of Malaya, 1977 and Shih Toong Siong, *The Foochows of Sitiawan: A Historical Perspective*, Sitiawan: Persatuan Kutlen Daerah ManJung, 2004.

② 陈长兴：《金宝 100 年（1886—1986）》，吉隆坡：大拇指出版，2001 年。

图 6　陈长兴《金宝 100 年(1886—1986)》

陈嵩杰(Chin Soong Kead)的《森美兰州华人史话》在 2003 年以中文出版[①]。该书描述了森美兰州从 19 世纪伊始到第二次世界大战前几年客家矿工成为该州的定居者为止的华人历史。他的著作还提供了对早期森美兰州的华人甲必丹生活的见解,包括传奇的盛明利。陈崇杰结合使用了当地的非官方的信息来源以及用英语发表的著作。他的著作就是这种双语资料如何能够创造出优秀的作品的一个很好的例子。

在对霹雳州太平镇发展的描述中,邱家金(Khoo Kay Kim)深入了解了华人社区的贡献。李永球(Lee Eng Kew)撰写了关于华人在该镇的贡献,题为《移国:太平华裔历史人物集》,其中涵盖了 87 名华人在太平镇的生活故事,时间从 19 世纪 60 年代该镇仍被称为拉律(Larut)的时候开始至 2000 年。这是基于华人家庭的研究资料以及在义山和华人寺庙中发现的碑铭资料。李永球在太平故事的第二本叙述了日本占领期间及

① 陈嵩杰:《森美兰州华人史话》,芙蓉:森美兰中华大会堂,2003 年。

之后的城镇生活[①]。

有关槟城华人，张少宽取得了非凡的成就。他撰写了三部关于华人社群的著作（其一见图7），包括槟城华人的领导人和槟城华人的信仰活动。[②]他能够利用官方和方言（非官方）的消息来源，使其著作变得重要。尽管不是专业历史学家，他的著作在槟城华人中具权威性。最近的一项研究是槟城保良局——一个战前妇女和儿童的重新安置之家，让人们窥视早期槟城华人女性的福利。[③]

图7 张少宽《槟榔屿华人史话》

（五）历史联系

近来，历史学家研究不同地区华人的跨地缘政治的历史联系。

---

① 李永球：《日本手：太平日据三年八个月》，吉隆坡：策略资讯研究中心，2006年。

② 张少宽：《槟榔屿华人史话》，新北：燧人氏有限公司，2002年；《槟榔屿华人史话续编》，槟城：南洋田野研究室，2003年；《孙中山与庇能会议》，槟城：南洋田野研究室，2004年。

③ Neil Khor Jin Keong and Khoo Keat Siew, *The Penang Po Leung Kuk: Chinese Women, Prostitution and a Welfare Organization*, Kuala Lumpur: Malaysian Branch of the Royal Asiatic Society, 2004.

Jennifer Cushman 对槟城许氏(Khaw)家族与泰国华人商业网络联系的开创性研究为进一步研究这种联系铺平了道路。[①] 这些研究越来越受到历史学家的欢迎,因为他们发现来自不同地区的华人之间的联系超越了现有的政治边界。中国的吴小安和马来西亚的 Kobkua Suwannathat-Pian 已经延续了 Cushman 的研究(吴小安的专著见图 8),并加以深入。[②] 历史学家很有可能通过研究沙巴华人和南部菲律宾,以及棉兰、古晋和海峡殖民地的新加坡、马六甲和槟城的跨界联系来进行这样的研究。

图 8　吴小安《华人商业与马来属邦的形成,1882—1941:吉打与槟城》
Chinese Business in the Making of a Malay State, 1882-1941: Kedah and Penang

① Jennifer Cushman, "Siamese State Trade and the Chinese Go-Between", *Journal of Southeast Asian Studies*, Vol. 12, No. I, 1981.

② Wu Xiaoan, *Chinese Business in the Making of a Malay State, 1882-1941: Kedah and Penang*, London: Routledge Curzon, 2003; see also Kobkua Suwannathat-Pian, "Chinese Immigrant Communities in Western Seaboard of Siam and Penang Area during the Late Nineteenth and Early Twentieth Centuries, a Preliminary Comparison", Paper presented at Shared Histories Conference, Penang, 30 July-3 August 2003.

（六）第二次世界大战

自第二次世界大战结束以来，关于华人社群及其参与战争的文献源源不断。蔡史君和许云樵关于马来西亚华人社群参与战争的中文文献汇编是迄今为止最大部头的著作。[①]该书概述了马来亚的抗日活动以及开展的筹款活动。马来亚和新加坡为中国救济基金和大英帝国战斗机基金（British Empire Spitfire Fund）募集资金。其他论文涉及战争的各个方面，包括日本在新加坡击败英国军队以及与马来西亚在日本占领的三年多期间的情况。该书传达了一种总体印象，即华人社群的成员显然是日本军队成员，特别是宪兵队（军事警察）暴行下的受害者。

关于这场战争的其他一般著作包括李业霖的《太平洋战争史料汇编》，以及陆培春关于日本对马来西亚华人的残酷性的最新研究。陆培春书标题是《日本军政下的马来亚：3年8个月的悲惨故事》，[②]从华人的角度来看，该书是战争信息的宝矿。其中包括日本对马来亚华人的大屠杀、日本酷刑方法以及林谋盛的英勇事迹。一个有趣的部分涉及记忆和纪念问题，这是一个新的贡献，可以深入了解马来西亚不同世代的华人如何记住战争。

陈剑的《马来亚华人的抗日运动》概述了战前和战时马来亚的抗日活动，日本对从华人手中抽取50万美元奉纳金的反应，其次是华人以抗日游击队的武装抵抗形式做出回应。该书虽然简短，但为进一步处理该问题提供了有用的框架。[③]

关于华人抗日斗争的其他著作是李永球对日据时期太平的研究[④]、单汝洪（Shan Ru-hong）的《森美兰抗日游击战争回忆录》[⑤]和谢育德（Chia

---

① 许云樵、蔡史君编：《新马华人抗日史料（1937-1945）》，新加坡：新加坡文史出版私人公司，1984年。

② 陆培春：《日本军政下的马来亚：3年8个月的悲惨故事》，吉隆坡：陆培春留日中心，2005年。

③ 陈剑：《马来亚华人的抗日运动》，吉隆坡：马来西亚策略资讯研究中心，2004年。

④ 李永球：《日本手：太平日据三年八个月》，吉隆坡：马来西亚策略资讯研究中心，2006年。

⑤ 单汝洪：《森美兰抗日游击战争回忆录》，香港：南岛出版社，1999年。后来这本书被翻译成英文出版：*The War in South*, *The Story of Negeri Sembian s Guerrillas*, Bangkok: Mental Health Publication, 2003。

Yuk Tet)对沙巴的神山游击队的研究[①]。单汝洪的作品是其早期中文作品的翻译版本。作者根据其作为抗日游击队领导人的个人经历，描述了马来亚人民抗日军(MPAJA)在森美兰州的活动。这部作品还突出了许多日本暴行事件。谢育德的作品叙述了华人领导的神山游击队的故事。他于1943年10月在亚庇发动反抗日军的起义。他提供了一个华人对这一事件的看法，不同于前殖民地管理员之前叙述的英语版本。[②]

这些关于战争的著作不可避免地强调日本占领军对华人族群造成的痛苦，以及华人对抗日军的贡献。这是马来西亚华人历史上的一件大事。年轻一代的华人现在能够更多地了解马来亚人民抗日军(MPAJA)抵抗日本人的成就，他们被视为英雄甚至爱国者，但他们的贡献在官方的“民族”叙事中显然不存在，甚至关于神山游击队的故事也已从马来西亚历史教科书中删除。

三、左翼作家对民族叙述的挑战

尽管华人作家在书写马来西亚华人中存在语言差异，但这两个群体至少一致地表达了族群对国家历史发展的贡献，以及华人在塑造马来西亚国家方面所起的作用。

马来西亚华人的一种新的历史著作类型提供了一些被主流(甚至国家)历史边缘化的视角——左翼和马来亚共产党(MCP)。这一历史学家和作家群体主要出现于1989年。当时马来亚共产党结束了长达39年的武装斗争，并与马来西亚政府和泰国南部的军事指挥官签署了和平协议，马来西亚共产党对马来西亚政府的威胁不存在了。随后，新的政府政策修改了1989年之前实施的安全措施，包括马来西亚人轻松前往中国的个人旅行。更重要的是，马来西亚政府放松了对与共产主义有关的出版物的控制。“解冻”之后出现的第一个出版物是马来亚共产党第十

---

① 谢育德:《神山游击队抗敌史》，斗湖：斗湖日报社，1978年。

② 许多年来麦克斯韦·豪(Maxwell Hall)的著作是神山游击队的标准参考文献，这本书与谢育德书略有不同，更多地依赖前政府公务员提供的账目，缺乏华人的观点。见Maxwell Hall, *Kinabalu Guerrillas*, Kuching: Borneo Literature Bureau, 1949。

支队的前成员的作品。最初在香港出版的这些回忆录是由马来亚共产党的主席和他的华人妻子 Suriani Abdullah 撰写的。[①] 尽管这些早期出版物并未直接涉及华人，然而它们在鼓励其他前党的成员撰写回忆录上是一个分水岭。

陈平的政治自传随后于 2002 年在新加坡出版，这有助于为马来亚共产党的其他前成员公开他们的个人甚至集体回忆录或自传打开心门。当然，从华人一方来看，单汝洪关于马来亚人民抗日军在森美兰与日本军队作战的战争回忆录于 1999 年早些时候出现[②]，揭示了作为自由战士的马来亚人民抗日军游击队员对日本军队的反抗。

在加影（Kajang），为了纪念马来亚人民抗日军成员和在加影与英国安全部队作战的马来亚共产党，加影烈士家属委员会出版了一本书。书中列出了在紧急状态期间死于与安全部队作战的加影的马来亚共产党部队的 241 名成员的名单，并尽可能提供简要的个人资料。对于从事雪兰莪共产党历史工作的人来说，这本书绝对是一个非常有用的信息库。像这一类型的其他著作一样，这本书提供了一个替代国家官方历史版本的视角。马来亚人民抗日军和马来亚共产党被认为是为了使这个国家摆脱英国帝国主义的斗争，几乎没有人提到他们继续战斗到 1957 年，即国家获得独立且英国殖民主人离开后。

然而，有一本著作试图解释为什么在马来亚 1957 年获得独立并于 1963 年成立了一个更大的马来西亚联邦之后，马来亚人民抗日军成员以及后来的马来亚共产党继续他们的武装斗争，第六独立支队的指挥官张佐在他的回忆录《我的半世纪》中讨论了马来亚人民抗日军和像他这样的马来亚共产党成员所理解的自由概念。对他而言，该国在 1957 年

---

① Abdullah C. D. , *Perang Anti-British dan Perdamaian*, Hong Kong: Nan Dao Publisher, 1998; Abdullah C. D. , *Darurat dan Kemerdekaan, 1948-1998*, Hong Kong: Nan Dao, 1998, Suriani Abdullah, *Rejimen ke-10 dan Kemerdekaan*, Hong Kong: Nan Dao Publisher, 1999.

② 单汝洪:《森美兰抗日游击战争回忆录》，香港：南岛出版社，1999 年。后来这本书被翻译为英文出版：*The War in South, The Story of Negeri Sembian s Guerrillas*, Bangkok: Mental Health Publication, 2003。

实现的独立以及马来西亚的建立主要是通过马来亚共产党的决定性斗争实现的。[①] 因此,他的回忆录要证明马来亚人民抗日军和马来亚共产党在击败马来亚独立后坚持的英国新帝国主义的斗争和贡献,并有助于马来西亚的建立。

这一类型的文献还包含有关马来亚人民抗日军和马来亚共产党的前成员的传记信息。《激情岁月》就是这样一部马来亚共产党成员们的简短的回忆录。这些成员是被马来亚流放并在马来亚紧急状态期间(1948—1960)被送往中国的。[②] 在陈平发表他的回忆录之后,来自《星洲日报》的记者小组采访了他,并公布了他的采访记录,以及他们对当时的警察总监的采访及其他文件。其中,突出了马来亚共产党的事例,并有马来亚共产党人物的简介。[③]

在沙捞越,北加里曼丹共和党在20世纪60年代和70年代初期吸引了华人的参与。这里也出现了类似性质的著作,主要是为了纪念那些参与反抗政府斗争的人。田农[Tien Rong(田英成,Tien Yin Chen)]《森林里的斗争》是关于沙捞越共产党的斗争,其全体成员都是华人。[④] 该研究追溯了沙捞越共产党的源起和愿望,它的扩张、斗争及如何崩溃的。这是对该党的第一次全面研究。它表达了华人族群中对国家政治和发展感到失望的、一部分心怀不满的人的声音。

2000年以来,已有更多关于沙捞越共产党前成员的回忆和回忆录的著作出现。就像他们在西马来西亚的马来亚共产党的同志一样,这群人相信他们的行为是正确的。[⑤] 他们试图证明他们的斗争和"牺牲"是正当的。就像他们的西马来西亚同志一样,他们将死者称为"英雄和殉道者"。

这些作品几乎全部用中文出版,对于只能用英语或马来语阅读的大

① 张佐:《我的半世纪:张佐回忆录》,吉隆坡:张元(出版)2005年,第4-6页。

② 彭国强主编:《激情岁月》,香港:见证出版社2005年。

③ 刘鉴铨主编:《青山不老:马共的历程》,八打灵再也:星洲日报,2004年。

④ 田农:《森林里的斗争》,香港:东西文化事业公司,1990年。

⑤ 友谊丛书编委会:《往事》,诗巫:诗巫友谊协会,2000年;友谊丛书编委会:《林中猎奇》,诗巫:诗巫友谊协会,2000年;友谊丛书编委会:《悠悠岁月话当年》,诗巫:诗巫友谊协会,2001年;友谊丛书编委会:《风雨年代》,诗巫:诗巫友谊协会,2002年。

部分马来西亚公众来说，这些作品是无法阅读的。由于它们涉及较小的读者圈，影响有限。然而，在过去的6～7年中，这种类型肯定有助于在国家更广泛的历史中出现关于马来亚人民抗日军和马来亚共产党的地位的替代观点。因此，听到一位反对派政治人物表达不同意见并不奇怪。他们认为，马来亚共产党成员是真正的自由战士，他们比国家独立之父东姑阿都拉曼（Tunku Abdul Rahman）更具国家意识。①

这种类型作品对当前的国家叙事提出了严峻的挑战，特别是在声称马来亚共产党的斗争的合法性及其对国族主义的贡献，并将马来亚共产党游击队和被安全部队杀害的马来亚共产党成员描述为“真正的或真实的自由战士”和“烈士”。

四、少人行走的道路

自从50多年前巴素（Purcell）对马来西亚华人的开创性研究成果发表以来，华人研究不断发展，引起学者们越来越多的关注，并将重点放在其他方面，如种族间关系、华人本土（混合）社区、土生华人、改变华人身份和华商网络等。

虽然这些面向对社群来说都是真实的，但它们尚未引起历史学家的足够重视。这可以部分归因于历史学家的方法和对文件证据的需求（特别是官方的文件）。这些研究涉及其他学科，尤其是社会学和人类学。因此，历史学家需要在他们的“盒子”之外思考采用多学科方法，或者学习借用其他学科的一些方法来帮助加强对马来西亚华人历史的研究。

历史学家需要冒险超越官方资料。大多数这些研究较少的主题缺乏官方文件，阻碍了历史学家进行此类研究。私人文件、宗族会议记录和寺庙碑铭等是研究这些主题的非官方资料。②半学者或民间学者主

---

① 这是刘天球（Ronnie Liu）的观点，他是民主行动党（DAP，Democratic Action Party）中央委员会委员。他的观点通过互联网上媒体声明表达出来，引起了亲当权派政治人物的骚动，他们要求他公开道歉。参见 *Sunday Star*，11 September 2005。

② 以沙巴为例，参见黄子坚（Danny Wong Tze Ken），“Historical Sources on Sabah：Some Recent Observations”，*Malaysia dari Segi Sejarah*，No. 30，2002。尽管这是一项普通的工作，但很

要是研究当地历史由这些资料入手，他们无法或不愿查找档案中的书面资料，转而使用更容易获得的资料，以便以寺庙墓碑或家庭（私人）文件中的碑铭材料的资料为基础建构当地历史。

五、结论

这项关于马来西亚华人历史编纂的考察并不是细密无遗的。其目的是揭示已经有了对该主题进行的大量研究，并表明该领域仍在不断发展，以期获得国内外学者的研究和关注。

对于马来西亚华人来说，研究他们自己的历史已成为一个紧迫的目标，原因在于华人族群思考其集体未来，以及他们在马来西亚人口比例下滑。为了使华人对马来西亚的贡献有意义，研究者应该大胆地冒险超越现有的界限，探索新的领域。

如本文所描述，马来西亚华人的历史著作大致分为两个语言领域，在作者方面亦然。在马来西亚华人研究上，能够在这两大领域和语言中游刃有余的学者非常稀少，更不用说愿意用两种语言来书写研究成果了。除非尝试弥合差距，否则华裔马来西亚人如果仍然倾向一边的话，对其历史的了解仍然不足。这个领域需要更多的双语学者来获取资料并协调双方的研究结果以弥合差距，从而产生一个更全面的、研究型的马来西亚华人族群的历史。

（本文原题 Danny Wong Tze Ken，“Writing the History of the Chinese in Malaysia：New directions and bridging the gaps between two linguistic spheres”，*New Perspectives and Research on Malaysian History*（*Essays on Malaysian Historiography*），Edited by Cheah Boon Kheng，Kuala Lumpur：MBRAS，2007，pp.247-270）

（翻译：宋燕鹏）

多实例都是从华人社群的研究中得出的。

英殖民档案与文献

——19世纪槟城五大姓闽商商业史的重构

黄裕端

（马来西亚新纪元大学学院东南亚学系）

长期以来，马来西亚的华人研究课题主要涵盖宗教信仰、地方掌故、教育、政治和文化等，极少关注华人的商业网络。以槟城闽商为例，在过去的30年间，相关研究著作寥若晨星。国外著名学者珍妮花·库什曼（Jennifer W. Cushman）是槟城闽商商史的先驱。她在1991年出版了其成名著作——《家与国：中泰锡矿王朝的形成》（*Family and State: The Formation of Sino-Thai Tin-Mining Dynasty*）。这本经典之著作主要聚焦于许氏家族，将他们放在槟城与暹罗南部之关系的背景中进行检视。吴小安2005年的作品《一个马来邦属建立背后的华人商业》（*Chinese Business in the Making of a Malay State*）探讨了1882—1941年槟城和吉打的林氏和庄氏家族主要闽商人物的经济影响力，以及他们对马来半岛西部邦属吉打之开发的积极参与。2015年，笔者出版了英文的著作*Penang Chinese Commerce in the 19th Century: The Rise and Fall of the Big Five*。隔年，拙作译成中文版《19世纪槟城华人商业：五大姓的崛起与没落》。拙作以槟城五大姓闽商家族为代表，采取从下而上的角度来解读槟城商业发展和探讨东南亚区域经济的运作。

虽然目前已至少有三本与槟城闽商商业史相关的著作，但马来西亚闽商商业史还有许多缺陷和空白尚需填补。大多学者都忽略了对闽商商业史的研究。这很可能是由“第一手”或“原始”中文史料太过贫乏所导致。因经历战乱、搬迁和疏忽,多数商业家族或社团组织所保留的资料被烧毁或丢失。为了克服“第一手”中文资料的不足,梳理大量的英殖民地政府的各类档案和文献显然是最好的方法。英殖民“第一手”档案和文献包括行公文,如往来公函、土地记录、总督日记、报告、议会记录、统计、报章等,都含有很多实质性内容。然而,这些档案记载的华商的英译名字和公司名称或商号需要依赖有限的中文史料文献如碑铭、族谱、和报刊考核辩证。

在华人商业网络研究上,笔者主要透过英殖民档案与文献,加上中文史料的辅助,以重新呈现有机与流动的闽商社群原来面貌,以及他们在各个层面(社会、政治、经济、地方和地区)与不同社群之间互动的历史情景。换句话说,综合运用英文和中文史料,不但能脉络化地勾勒出槟城闽商真实的历史进程,还能深刻阐明东南亚多种族经济与社会的历史事实。鉴于此,笔者简略地介绍中文版著作《19世纪槟城华人商业:五大姓的崛起与没落》。此书由陈耀宗先生译自笔者于2015年出版的英文著作。承蒙中国福建福州大学和社会科学文献出版社的抬爱,这本书才得以“海上丝绸之路与中国海洋强国战略丛书”之一面世。透过此书读者们能更广泛和更深入了解槟城闽商商业史。

一、《19世纪槟城华商:五大姓的崛起与没落》

槟城位于马来半岛西北部的海岸,扼守马六甲海峡北部咽喉位置,隔海峡与苏门答腊岛相望。得天独厚的地理位置让槟城在18世纪末成为英国人拓展东南亚海上贸易版图的桥头堡。因此,许多学者都归功于英国人把槟城打造成贸易物流枢纽、区域性的商业和金融中心。然而,在槟城崛起的过程中,五大闽商商业家族成员组成的一个商人群体扮演了不可或缺的角色。五大闽商商业家族,即邱氏、谢氏、杨氏、林氏和陈氏五个家族,也称“五大姓”或“五大公司”。他们在19世纪槟城华人社会中共同形成强大及显赫的经济力量。他们通过控制多样化的生意(船运、转口贸易出、商品生产、苦力贸易、饷码),不仅将槟城及其邻邦

（缅甸南部、暹罗西南海岸地区、马来半岛西部及苏门答腊北岸和东岸）联结起来形成一个统一的经济地理区域（槟城区域），而且使这些相互关联的经济部门（生产、运输、贸易与消费）交织成一张网络。这张结合了各个经济部门的综合网络清楚地揭示，由闽商商业精英的经济活动所促成的资本、劳动力、商品和市场的结构与功能，构成了以槟城为中心的区域市场经济与资本主义。

五大家族闽商商业精英能有如此影响力，关键在于他们的商业网络包含了家族关系、帮会组织和生意伙伴的联系，是一个跨越族群、方言、国界的网络。血缘关系和策略联姻是形成家族网络的主要元素。五大闽商家族是以血缘纽带为基础的同宗族亲。五大家族的宗亲组织有龙山堂邱公司（图 1）、世德堂谢公司（图 2）、植德堂杨公司（图 3）、九龙堂林公司、颍川堂陈公司。血缘的亲属（叔侄、堂兄弟、表兄弟）提供了可靠的人力资源。五大家族除了相互间有紧密的联姻关系，也与槟城内外的家族或他族通婚。五大家族成员的联姻对象都是在槟城本土或邻邦的经济和政治上有影响力的家族。借着婚姻联盟，五大家族和其他家族不但可以建立紧密的互助机制，还可以产生连带的相互忠诚和相互责任，从而壮大了他们经济利益的基础和阶级内部团结。

借助帮会建德堂或大伯公会，五大家族不仅互相联袂，还联系了其他家族。自 1844 年成立以来，建德堂的核心始终由五大家族的商界精英控制着。建德堂领袖和普通会员之间构建一份社会契约。凭着社会契约，身为建德堂领袖的闽商成功招募数万名会员。建德堂的支会扩张到缅甸南部、暹罗南部、马来半岛西部州属以及苏门答腊。这些支部领袖，都是与五大家族关系密切的当地商人和社区领导人。为了壮大人数，建德堂也和海山会、红旗会联盟。海山会是由客家人控制，而红旗会则是印度人、爪夷人和马来人组成。建德堂成为五大家族闽商商人的工具，有效地控制槟城和各地大批的群众。

合伙公司是五大家族最常见的生意模式，他们都有多个合伙人。这些合伙人包含了家族成员，其他方言群或种族成员。通过多个伙伴合作联营，不仅业务多元化，五大家族的商业精英也扩充并垄断了整个商业脉搏。伙伴合作联营能让五大家族的商业精英集合更多资金扩充业务。更重要的是，他们利用合作伙伴的联系延伸经济利益。谢增煜与亚美尼亚人迈克·阿拉顿·安东尼（Michael Arratoon Anthony）成为生意伙伴是最好的例子。1875 年，谢增煜成立了增煜公司，而迈克·阿拉顿·安东尼是其公司合伙人之一。增煜公司是一家百货商店和代理商，专营进口商品。迈克·阿拉顿·安东尼并不是一般的商人，他在槟城经营家族生意——安东尼公司。该公司成立于 1845 年，是欧洲多家公司的代理商，如保险公司、船运公司、烟草公司和面粉公司等。由此可见，迈克·阿拉顿·安东尼拥有一张与欧洲有着密切关系的网络。借助他的网络，谢增煜便能轻易从欧洲获得所需的商品或把槟城的货物运去欧洲。

槟城五大姓商业家族个案为我们提供一个甚为明显的轮廓，显示出闽商在区域商业网络的形成中扮演了动态的领导者角色，如何把当时区域经济的最重要元素，如劳动力、资本、组织、政要与商贾联结和统合，以致享有近乎一个世纪的商业繁华。

20 世纪初，西方主导的区域新秩序兴起，这对五大姓闽商造成巨大的影响。西方企业掌握了新的经济与政治元素，成功建立了一个新的全球商业网络，取代了五大姓的区域网络。因此五大姓丧失了其经济优势，他们强大的利益集团最终分崩离析。

图 1　槟城九龙堂林公司（黄裕端摄）

图 2　槟城世德堂谢公司（黄裕端摄）

图 3　槟城植德堂杨公司（黄裕端摄）

二、英殖民档案与文献：槟城闽商的资料

在浩瀚的英殖民档案和文献中，着手搜寻关于闽商的文件、报告和记录是一项巨大的挑战。因为这些资料并不是集中在一处，而是散落在不同的档案馆和图书馆。英殖民档案和文献的种类繁多，在此介绍一些重要的档案和文献所记载与槟城闽商相关的讯息。

（一）海峡殖民地商馆记录 1769—1830（Straits Settlements Factory Record IOR/G/34）

海峡殖民地商馆记录是东印度公司商馆档（East India Company Factory Records）1595—1858 年的其中一组文献。这组文献主要包含往来公函、统计资料、调查报告、总督日记，蕴藏丰富的槟城华人历史资料。例如，在 1825 年 5 月 24 日，槟城警长 R. 关打（R. Caunter）写了一份关于岛上华人组织的报告。他在报告中列出了 7 个华人组织——义兴、和胜、海山、从清、惠州、仁和和仁胜。此报告也述及这些组织的地址、领袖和会员人数。

（二）英国殖民公署档

英国殖民公署档，又称 CO 系列，包括海峡殖民地原始书信（Colonial Office：CO 273 Straits Settlements Original Correspondence 1867-1946）、海峡殖民地会议记录（CO275 Straits Settlements：sessional papers，1855-1940）、海峡殖民地政府宪报（CO276 Straits Settlements：government gazette，1867-1942）、海峡殖民地政府蓝皮书（CO277 Straits Settlement Blue Books）（图 4）等，内容极为广泛，蕴藏丰富的槟城史料与华人事务的记录。

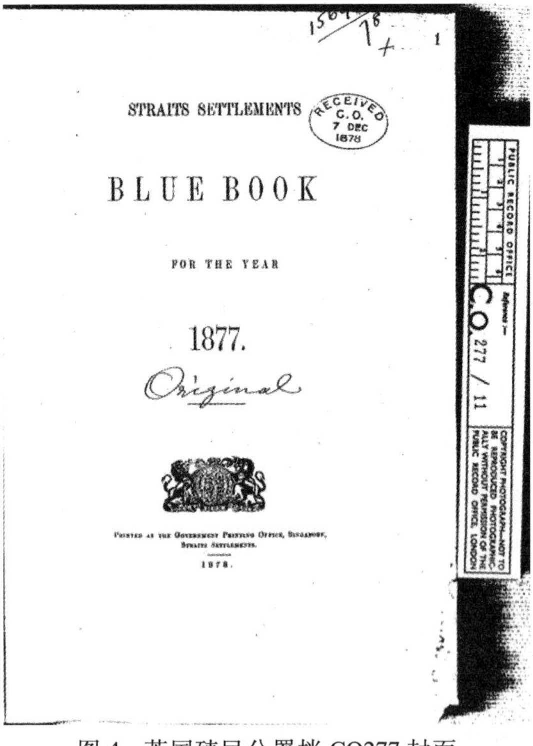

图 4　英国殖民公署档 CO277 封面

（三）外交部档案

外交部档案是有关暹罗和东南亚的机密文件（Foreign Office：

Confidential Print Siam and South-East Asia FO 422），此系列包含有关暹罗及东南亚的机密文件，如一些与暹罗、缅甸、印度支那、印度尼西亚和马来亚有关的信件和文件，起讫 1850 年，终于是 1975。

（四）商业指南

商业指南主要有《新加坡与海峡指南》（*The Singapore and Straits Directory*）（图 5）、《新加坡与马来亚指南》（*The Singapore & Malaya Directory*）、《中国、日本、朝鲜半岛、印度支那、海峡殖民地、马来州属、暹罗、荷属东印度、婆罗洲、菲律宾等地的指南和编年史》（*The Directory & Chronicle for China, Japan, Corea, Indo-China, Straits Settlements, Malay States, Siam, Netherlands India, Borneo, the Philippines & C.*）。这三种商业指南记录了丰富的华商公司资料，如商业种类、合伙人、职员等。

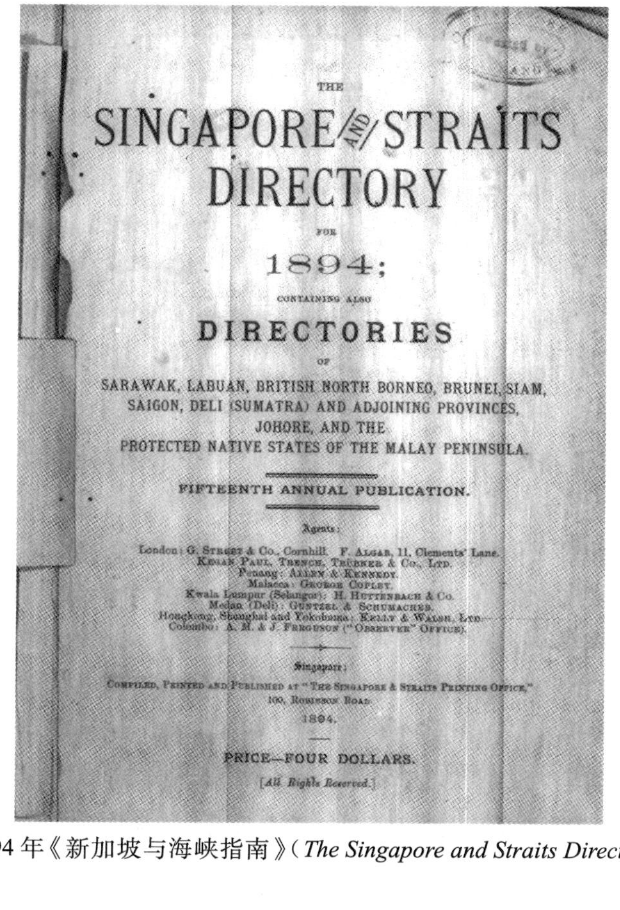
THE
SINGAPORE AND STRAITS
DIRECTORY
FOR
1894;
CONTAINING ALSO
DIRECTORIES
OF
SARAWAK, LABUAN, BRITISH NORTH BORNEO, BRUNEI, SIAM, SAIGON, DELI (SUMATRA) AND ADJOINING PROVINCES, JOHORE, AND THE PROTECTED NATIVE STATES OF THE MALAY PENINSULA.

FIFTEENTH ANNUAL PUBLICATION.

Agents:
London: G. Street & Co., Cornhill. F. Algar, 11, Clements' Lane.
Kegan Paul, Trench, Trübner & Co., Ltd.
Penang: Allen & Kennedy.
Malacca: George Copley.
Kwala Lumpur (Selangor): H. Huttenbach & Co.
Medan (Deli): Guntzel & Schumacher.
Hongkong, Shanghai and Yokohama: Kelly & Walsh, Ltd.
Colombo: A. M. & J. Ferguson ("Observer" Office).

Singapore:
Compiled, Printed and Published at "The Singapore & Straits Printing Office,"
100, Robinson Road.
1894.

PRICE—FOUR DOLLARS.
[All Rights Reserved.]

图 5　1894 年《新加坡与海峡指南》（*The Singapore and Straits Directory*）封面

（五）《女王陛下的最高法院诉讼案记录》（*Cases Heard and Determined in Her Majesty's Supreme Court of the Straits Settlements 1808—1890*）

《女王陛下的最高法院诉讼案记录》是英殖民地最高法院对所有重要的案件的汇编。作者试图尽可能地汇编完整和可靠的报告，因此，律师的论点、法官的决定和判决都依据法院判决的完整陈述。性质相似的案例通过注释和注脚一致性连接起来。该诉讼案记录总共有4卷，每一卷都记录了一些关于华商与华商之间或华商与异族商人的诉讼案。

（六）英文报纸

据统计，在1806年至1970年间，槟城出版过27家英文报纸。这些报纸包括《槟城公报与海峡纪事报》（*Pinang Gazette and Straits Chronicle*）（图6）、《槟城阿格斯商业广告报》（*The Penang Argus and Mercantile Advertiser*）（图7）、《亦果西报》（*The Straits Echo*）（图8）、《槟城时报》（*The Penang Times*）等。虽然这些报章主要报道关于欧洲和英人社群的新闻，但也不乏报道一些关于华人社群的讯息。例如，结婚喜事、诉讼案、会议通告和生意合伙或拆伙通知等。

（七）《海峡殖民地立法院会议记录》（*Proceedings of the Legislative Council of the Straits Settlements*）（1867—1870，1872—1939）

《海峡殖民地立法院会议记录》包括安理会的会议记录、议事程序的报告等，内容包罗万象。

（八）《下议院议会文件》（*The House of Commons Parliamentary Papers*）

《下议院议会文件》是英国及其前殖民地和当时世界的重要历史记录。此下议院议会文件已被数据化，有20多万份，时间从1715年至今，有一些补充文件可追溯到1688年。该数据库可提供数字化的原文图像、全文以及详细的索引信息检索。这下议院议会文件，包括英国议会的所有会期文件：法案、委员会报告、皇家委员会和政府部门提交的文件、条约和国际协定、指令文件和统计数据。

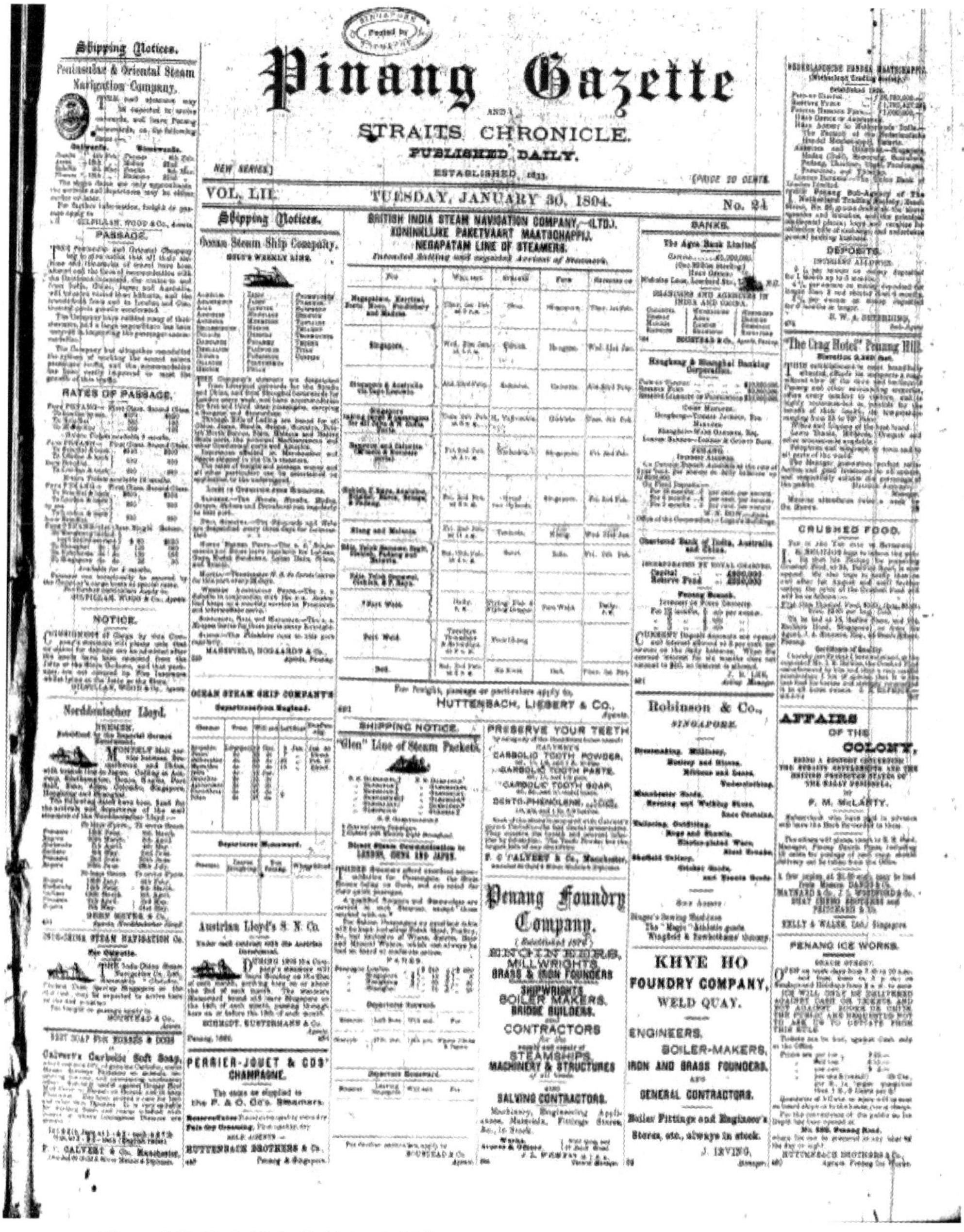

Pinang Gazette

AND

STRAITS CHRONICLE.

PUBLISHED DAILY.

NEW SERIES. ESTABLISHED, 1833. PRICE 20 CENTS.

VOL. LII. TUESDAY, JANUARY 30, 1894. No. 24

Shipping Notices.

Peninsular & Oriental Steam Navigation Company.

PASSAGE.

RATES OF PASSAGE.

NOTICE.

Norddeutscher Lloyd.

Ocean Steam Ship Company.

BRITISH INDIA STEAM NAVIGATION COMPANY, (LTD.)

KONINKLIJKE PAKETVAART MAATSCHAPPIJ.

NEGAPATAM LINE OF STEAMERS.

HUTTENBACH, LIEBERT & Co.

OCEAN STEAM SHIP COMPANY'S

SHIPPING NOTICE.

"Glen" Line of Steam Packets.

PRESERVE YOUR TEETH

CALVERT'S CARBOLIC TOOTH POWDER.

CARBOLIC TOOTH PASTE.

CARBOLIC TOOTH SOAP.

DENTO-PHENOLENE.

F. C. CALVERT & Co., Manchester.

Austrian Lloyd's S. N. Co.

PERRIER-JOUET & CO'S CHAMPAGNE.

HUTTENBACH BROTHERS & Co.

Penang Foundry Company.

ENGINEERS, MILLWRIGHTS, BRASS & IRON FOUNDERS, SHIPWRIGHTS, BOILER MAKERS, BRIDGE BUILDERS, CONTRACTORS, STEAMSHIPS, MACHINERY & STRUCTURES, SALVING CONTRACTORS.

BANKS.

The Agra Bank Limited.

Hongkong & Shanghai Banking Corporation.

Chartered Bank of India, Australia and China.

Robinson & Co., SINGAPORE.

KHYE HO FOUNDRY COMPANY, WELD QUAY.

ENGINEERS, BOILER-MAKERS, IRON AND BRASS FOUNDERS, AND GENERAL CONTRACTORS.

J. IRVING, Manager.

DEPOSITS.

"The Crag Hotel" Penang Hill.

CRUSHED FOOD.

AFFAIRS OF THE COLONY,

F. M. McLARTY.

PENANG ICE WORKS.

图 6 《槟城公报与海峡纪事报》(*Pinang Gazette and Straits Chronicle*)头版

The Penang Argus
AND
MERCANTILE ADVERTISER.
PUBLISHED WEEKLY.

VOL. XII.] THURSDAY, 19TH MAY, 1870. [No. 20.

THE NORTH-BRITISH AND Mercantile Insurance Company ESTABLISHED 1809.
CAPITAL £ 2,000,000,
Accumulated & Invested Funds

Penang 12th May 1863.

London & Oriental Steam Transit Insurance Office.

THE undersigned Agents for the above Insurance Office are now authorized to take risks on sailing vessels and are prepared to issue Policies on most favorable terms.

BROWN & CO.

Penang, 25th February 1867.

CHINA TRADERS INSURANCE COMPANY Limited.
Capital One Million of Dollars.
HEAD OFFICE, HONGKONG.

THE Undersigned having been appointed Agents for the above Company are prepared to issue policies on the usual terms.
BOUSTEAD & Co.
Penang, 12th January 1866.

COLONIAL SEA AND FIRE Insurance Company.

SANDILANDS, BUTTERY & CO.

IMPERIAL FIRE INSURANCE COMPANY LONDON INSTITUTED 1803—CAPITAL £1,600,000.

SANDILANDS, BUTTERY & CO.
Penang 13th February 1863. Agents

CITY OF GLASGOW Life Assurance Company.
Established in 1838.

SANDILANDS, BUTTERY & CO.

SUN FIRE OFFICE.
LONDON.
Established 1710

The Undersigned have been appointed Agents at this port.
SCHMIDT, KUSTERMANN & CO.
Penang, 27th July 1866.

JAVA SEA & FIRE Insurance Company
Established 1861.
Capital F. 3,000,000 fully subscribed.
Head Office Batavia.

MATHIEU & Co.
Penang, 21st January, 1869.

NOTICE.

THE Undersigned request to be immediately informed of any losses or damages of goods or vessels insured in Bremen, or by the Dresden Insurance Company.

SCHMIDT, KUSTERMANN & CO.
Penang, 12th April 1869.

PRINCE OF WALES' ISLAND DISPENSARY.
No. 561 Beach Street.

Ship's Medicine Chests supplied

Penang, 1st June 1867.

VICTORIA & ALBERT HOTEL.

THE ONLY HOTEL IN GEORGE TOWN.

BOON TEK & CO.
SHIP CHANDLERS, GENERAL STORE KEEPERS, AUCTIONEERS, PROVISION MERCHANTS, AND GENERAL COMMISSION AGENTS, &c.

ROPE, CANVAS, PAINTS, PAINT OIL, SALT BEEF, AND PORK, WINES, SPIRITS, BEER and other articles requisite for ships.

ex S. S. "Nestor"

Penang, 21st Decr. 1869.

THEAN CHEE & CO.
Ship Chandlers, Auctioneers
Commission Agents,
RESPECTFULLY INFORM

CANVAS
1st quality of all Nos.
BOLT ROPE AND TWINE
MANILA CORDAGE
COIR ROPE
TAR, PITCH, ROSIN, PAINT OIL, TURPENTINE,
VARNISH PAINTS, &c.
ASH OARS HOOKS & THIMBLES, SHACKLES
BUNTING FLAGS LINES,
COMPASSES AND LAMPS,
LEAD AND LOG LINES,
LOG BOOKS AND GLASSES,
COPPER BOAT NAILS & TACKS,
PUMP LEATHER NAILS, &c.
HANKS, MASTHOOPS AND BLOCKS,
YELLOW METAL, SHEAT LEAD,
HAWES PIPES, LIME JUICE,
LAMP OIL, CAVENDISH TOBACCO,
CHEROOTS, SOAP,
PAINT AND TAR BRUSHES,
SHIPS SCRAPERS,
BALLAST SHOVELS,
WATER FILTERS,
PATENT WHITE ZINC PAINT
SALT PORK AND BEEF,
SHIP'S BREAD, SPLIT PEAS.
GROCERS
AND
Dry Stores
WINE, BEER, BRANDY AND A. V. H. GIN.

JUST OPENED, EX "DIOMED"

Penang, Beach Street, No. 11.

TYE SIN TAT & CO.
GENERAL STORE KEEPERS.
No. 6 Beach Street

PROVISIONS AND HABERDASHERY.

JUST RECEIVED
ex "Alice" & "Diomed."

BOON ENG & CO.
Ship Chandlers
Commission Agents
AND
GENERAL STORE KEEPERS.

EDWARDS & Co.
GENERAL MEDICAL PRACTITIONERS
may be consulted at the
MEDICAL HALL
No. 561 Beach Street daily, and on Sunday at their residence
No. 43 Bishop Street.
IMPORTERS OF GENUINE DRUGS,

SURGICAL APPARTUS ON HAND.
Medicine Chests Replenished.

NOTICE.

HO GHEE SEW.
Proprietor
Penang, 22nd November 1862.

J. TOWERS,
LICENSED PILOT,
Under Ordinance No. XII of 1862.
No. 6 STEWART LANE.
Penang, 15th March 1869.

PICKLES, SAUCES, JAMS, &c.
(FREE FROM ADULTERATION.)
CROSSE & BLACKWELL,
Purveyors to the Queen,
SOHO SQUARE, LONDON.

LEA & PERRINS'
CELEBRATED
WORCESTERSHIRE SAUCE.
DECLARED BY CONNOISSEURS TO BE
THE ONLY GOOD SAUCE.

Caution against Fraud.

ASK FOR LEA & PERRINS' SAUCE.

CROSSE & BLACKWELL
CELEBRATED
OILMEN'S STORES
ALL OF SUPERIOR QUALITY.
PICKLES, SAUCES, SYRUPS,
JAMS, IN TIN AND JARS.
ORANGE MARMALADE.
TART FRUITS, DESSERT FRUITS.
MUSTARD, VINEGAR.

KIPPERED SALMON AND HERRINGS
PICKLED SALMON.
FRESH AND LOCHFYNE HERRINGS
FRIED SOLES.
FRESH AND FINDDON HADDOCK.
PURE SALAD OIL.
SOUPS, IN PINT AND QUART TINS
PRESERVED MEATS IN TINS
PRESERVED HAMS AND CHEESE
PRESERVED BACON.
OXFORD AND CAMBRIDGE SAUSAGES
BOLOGNA SAUSAGES.
YORKSHIRE GAME PATES.
YORKSHIRE PORK PATES.
GALANTINES.
TONGUES, BRAWN, POULTRY,
PLUM PUDDINGS.
LEA AND PERRINS' WORCESTERSHIRE SAUCE.

CAUTION.

CROSSE
AND BLACKWELL,
PURVEYORS TO THE QUEEN, THE EMPEROR OF THE FRENCH, AND THE KING OF THE BELGIANS.
SOHO SQUARE,
LONDON.

GABRIEL'S PREPARATIONS FOR THE TEETH.

GABRIEL'S WHITE GUTTA PERCHA ENAMEL, for stopping decayed teeth.

GABRIEL'S OSTEO ENAMEL STOPPING.

GABRIEL'S CORALITE TOOTH PASTE.

GABRIEL'S ROYAL TOOTH POWDER.

GABRIEL'S ODONTALGIQUE ELIXIR.

PARTIES AT A DISTANCE REQUIRING ARTIFICIAL TEETH

64, LUDGATE HILL, LONDON.

图 7 《槟城阿格斯商业广告报》(*The Penang Argus and Mercantile Advertiser*)头版

The Straits Echo.

MAIL EDITION.

$30 PER ANNUM   Single Copy 60 cts

VOL. 21.   PEN NG, UESDAY, JUNE 12TH, 1923   NO. 23

CONTENTS

图 8 《亦果西报》(*The Straits Echo*)头版

1872 [C.466] Papers (with a map) relating to recent proceedings at Salangore consequent upon the seizure by pirates of a junk owned by Chinese merchants of Penang; and the murder of the passengers and crew.

PAPERS

(WITH A MAP)

RELATING TO

RECENT PROCEEDINGS AT SALANGORE

CONSEQUENT UPON THE

SEIZURE BY PIRATES OF A JUNK

OWNED BY

CHINESE MERCHANTS OF PENANG;

AND THE

MURDER

OF THE

PASSENGERS AND CREW.

Presented to both Houses of Parliament by Command of Her Majesty.
1872.

LONDON:
PRINTED BY HARRISON AND SONS.

[C.—466.] *Price 9d.*

图 9　1872 年《下议院议会文件》(*The House of Commons Parliamentary Papers*)头版

三、中文史料文献

虽然关于槟城闽商的中文文献并不多,但还是有一些可用来考核辩证记载在英殖民档案和文献的闽商名字和身份。系统地记录槟城华人碑铭文献的著作有傅吾康和陈铁凡著的《马来西亚华人铭刻萃编》及张少宽编著的《槟榔屿福建公冢暨家冢碑铭集》。《马来西亚华人铭刻萃编》的第二卷收集了槟城宗祠、会馆、庙宇、公冢、私冢、学校的碑刻、匾额、神主牌、钟、炉、石狮等。《槟榔屿福建公冢暨家冢碑铭集》收录了福建公私家的碑刻资料。然而，这两本著作所收集的碑铭和文物并不完整。为了弥补缺欠的资料，笔者进行了多次田野考察，走访峇都兰樟福建公冢、峇都干东福建公冢、浮罗池滑福建公冢、神庙和宗祠。

除了碑铭文献，人物志和谱牒是另一类重要参考资料。林博爱总编的《南洋名人集传》现存 5 册(原有 7 册)，收集了马来亚、新加坡、缅甸、苏门答腊、婆罗洲等华人人物生平事迹的资料，十分方便检阅。《新江邱曾氏族谱》(图 10)是福建省漳州府海澄县三都新垵之姓邱族人所编纂，共 25 卷，收藏于槟城龙山堂邱公司和福建新垵诒穀堂。《泉州谱牒华侨史料与研究》是一部融载泉州华侨在海外的资料与研究于一体的著作。该书有两册，逐一列出泉州人出洋的纪实资料。利用族谱资料，除了可以从中查找有关华人移居海外或海外华人的总计外，还可以考察华人在海外活动时与家乡和家族之间的联系。

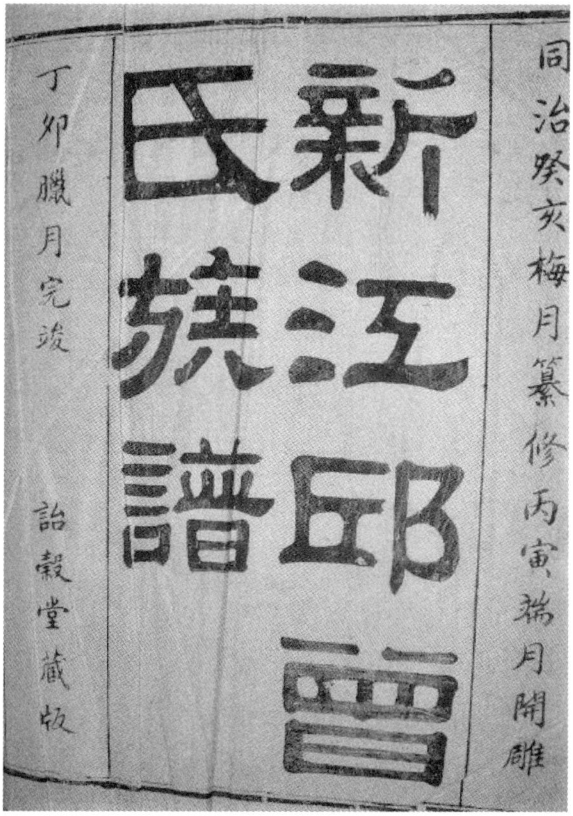

图 10　同治新修《新江邱曾氏族谱》封面

虽然槟城中文报纸的数目没有英文报纸的多，但其中有两份报纸——《槟城新报》和《光华日报》具有很高的参考价值。《槟城新报》是槟城的第一份华文日报，创刊于1896年。初为一周三刊，每逢星期二、四、六出刊，后改为日报。《光华日报》创始于1910年，当时出版的目的是向本地华侨宣传革命以推翻清朝、建立共和。除此以外，该报也刊载商业新闻，如会议报告、商业行情等。

《南洋英属海峡殖民地地志略》是宋蕴璞主编的方志，于1930年出版。此书包含的项目广泛，全书共有三编：第一编新加坡，第二编槟城，第三编马六甲。每编结构相同，分概要、物产、调查、名人、参观、娱乐、游记、杂记八章。该书的资料来源包括13种南洋出版报纸、51种南洋著述，还有英、美、日、荷、法、暹罗、安南各国出版书籍的翻译文字。此外，宋蕴璞还通过访谈、拜会、结交当地人士，参观学校、实业团体，参与当地宴请、聚会、听演讲、听佛经、看杂技、丧礼、演戏、民俗庆典如大伯公出游等收集资料。

四、英殖民档案资料的问题：闽商名字拼写的混淆

档案资料里出现的华商英译名都是英殖民官员根据个别华人方言群的发音，用罗马字母拼写而成。因此从这些名字是可以分辨出华人所属的方言群如福建人、广东人或客家人。然而，以罗马字母拼写的华人名字也会引起弊病。由于英国官员不熟悉方言音调，往往把一个华人名字拼写成几种形式。例如，郑景贵的英译名字在档案里被拼写成七种：Chung Keng Kwee、Cheang Keng Kwi、Chang Kang Quee、Chang Ah Quee、Ah Quee、Ah Kwi 及 Ah Kooi。这不同的拼法，让学者们误以为他们都是不同的人。除此以外，邱忠波和邱天保，两位闽商的英译名 Khoo Teong（Tiong）Poh 和 Khoo Thean（Tiang）Poh 使学者们产生误解与混淆，后者往往被误认为是前者。为了克服此问题，我们需要参考多份资料来鉴证闽商真正的身份。

五、墓碑资料与英文报刊的不符之处

虽然碑刻铭录被认为是档案资料之外，另一种最足征信的史料，但有时候碑刻并不提供真实、准确或完整的资料。举例来说，位于峇都兰樟福建公冢的谢增煜坟墓就有此问题。谢增煜祖籍福建漳州长泰，出生于 1852 年，为槟城道地的峇峇。他是 19 世纪知名度很高和很有影响力的侨绅。1897 年，为庆贺英国维多利亚女王登基 60 周年庆典，他特地在关仔角独资 35 000 元叻币兴建大钟楼。他于 1922 年 6 月 3 日去世，有三男达道、达仁、达权，二女琴雪、基雪。这是根据墓碑上的资料所得。1921 年 6 月 15 日，《亦果西报》报道一则关于谢增煜与他的长女谢白雪的诉讼案。为了取回在漆木街（Bishop Street）101 号的房子，谢增煜与他的女儿打了一场官司。无论谁是胜方，这场官司肯定令父女俩反目成仇。因此，谢增煜断绝了与女儿的关系。在他去世后的墓碑上，长女的名字被刻意省略了。

六、结语

无可否认，重构槟城闽商商业史是一项重大的学术挑战。在原始资料运用方面，我们尽量旁征博引。由于中文资料零散和不足，英殖民地政府遗留下来的大量档案和文献，有较重要的参考价值。详加分析梳理海峡殖民档案里的报告书、书信、统计和日记等以及英殖民商业指南、诉讼案记录、报章、立法院会议记录和下议院议会文件，有助于重新呈现历史语境中的槟城闽商商业网络和活动。

换言之，英殖民各类档案和文献为主要参考资料，并不意味着中文文献毫无参考价值。碑铭史料、人物志、谱牒、报章和方志等都是重要的辅助材料。善用这些中文资料，不但能考核辩证英殖民资料里的闽商名字和身份，还能揭示一些细致的闽商感受与情境。虽然如此，英殖民资料和中文文献都各有其缺陷。唯有结合运用这两种史料，才能勾勒出更加清晰与完整的 19 世纪槟城闽商在东南亚真实的历史面貌。

马来西亚华人史中文史料的类别与跨界研究

宋燕鹏
（中国社会科学出版社）

自2012年11月赴马来亚大学中文系任客座研究员，我的兴趣就开始从原本的中古史“移情别恋”到马来西亚华人史。我的田野调查主要集中在西马，但是以西海岸为主。东马去了几次，但重点还没转移过去。目前，马来亚历史研究主要分两种源流，即中文和英文。这两种源流在材料和研究偏向各有不同，黄子坚教授的 *Writing the History of Chinese Malaysia: New directions and bridging the gaps between two linguistic sphere*[①] 就此进行了相关的阐述。由于语言的相似性和接触中文史料的各种际会，本文所叙对象集中于对马来西亚华人史的中文史料。

一、寺庙（宗祠、家庙）内的中文史料

何谓中文史料？中文史料即用中文书写的，且反映了一定历史时期的史实的资料。大家如果去田野搜寻中文史料，就要首先从这方面着手。当然有没有是一回事，找没找那就是自己的问题了。

马来西亚华人信仰沿袭来中国原乡的传统。早期南来华人将原乡的信仰的一起带来，建立了大大小小的庙宇，作为华人的精神寄托。任何华人聚居区都能见到很多庙宇，数量非常多且空间密集。我到任何一

① 译文见本书第一篇《书写马来西亚华人史——新趋势和跨过两种语言圈之间的隔阂》。

个陌生的华人聚居区，都会从华人庙宇入手。不管是马六甲的青云亭，还是槟城的广福宫观音亭，碑刻均很多，且都是百年以前的。碑刻就是庙宇最好的历史载体。

（一）寺庙碑

庙碑，立于寺的叫寺碑，立于庵的叫庵碑，立于神庙的叫神庙碑，立于宗庙的叫宗庙碑，立于家庙的叫家庙碑，都是为神仙鬼神而立。中国碑刻会出现在寺庙、园林、通衢大道等处。大马则主要集中于寺庙之内。庙碑有以下类型。

1. 记事碑

记事碑文完整碑文叙述修庙的缘起和过程，这样的碑刻在各地的庙宇多能见到。如《敕建极乐禅寺碑》（图 1）就详细记述了槟城极乐寺的缘起与修建过程，极富史料价值。

图 1 《敕建极乐禅寺碑》（宋燕鹏摄）

2. 捐款碑

捐款碑只有捐款者的名单和钱物数量，如图 2 所示，这种碑刻在整个大马碑刻中数量最多。很多庙宇可能没有记事碑，但是肯定有捐款碑。捐款碑主要看捐款人的所属社群，数量最多的捐款人，多数都是当地的华人领袖。从这些捐款人，大体上可以推测出该地的华人社群的规模和网络。所以捐款碑都不可忽视，它是研究本地华人历史的最好线索。

图 2　浮罗山背兹山寺《乐善好施碑》（宋燕鹏摄）

3. 条规碑

这类碑刻不记事，只是列条规，但最后列出时间和立碑人，如图 3 所示。

图 3 《极乐禅寺条规碑》（宋燕鹏摄）

（二）牌匾

牌匾是大马分布广泛的中文史料。牌匾不仅是指示标志，而且是文化的标志，甚至是文化身份的标志。它广泛应用于宫殿、牌坊、寺庙、商号、民宅等建筑的显赫位置，向人们传达皇权、文化、人物、信仰、商业等信息。

1. 寺庙牌匾

寺庙牌匾很多都是名人题字，不仅是寺院庙名，还有提升庙宇社会地位的作用，显示出庙宇所具有的关系网络。比如康有为、章炳麟、林森等名人在槟城极乐寺的题字，极乐寺会装裱后挂起来展示（图 4）。

图 4　槟城极乐寺林森题“性海圆融”匾（宋燕鹏摄）

2. 信众所献牌匾

信众所献牌匾尽管可能不是名人所写，但是内容和落款时间、姓名，也能显示出华人社会的一些重要内容，且数量众多，如图 5 所示。

图 5　马六甲青云亭“慧眼观世”匾（宋燕鹏摄）

3. 宗祠家庙匾额

宗祠家庙匾额如图 6 所示。

图 6　槟城韩江家庙“派衍韩江”匾（宋燕鹏摄）

（三）对联

寺庙（宗祠家庙）中的对联也是很常见的中文史料内容（图 7）。尤其是有落款和时间的更为珍贵，这也能反映出寺庙的关系网络。没有落款和时间的对联，虽然有诗词意义和思想意义，但失去了相应的史料价值。

图 7　槟城浮罗山背玄武山谢荣光所题对联（宋燕鹏摄）

（四）香炉铭刻

敬献香炉的信众，多数都会刻上落款和时间。很多庙宇都没有碑刻，但是香炉都会有，所以香炉上的时间经常作为庙宇的时间坐标。香炉除了金属材质，也会有石材，文字不仅正面，也会出现在侧面，甚至后面都有文字。如槟城鲁班古庙的鼎状香炉，上有“沐恩弟子　梅耀良　乃妥　乃晏　仝敬奉　光绪拾弍年　岁次丙戌季夏吉旦立”（图8）。这些文字提供了光绪十二年（1886年）这个时间坐标。

图8　槟城鲁班古庙光绪十二年（1886）香炉（宋燕鹏摄）

（五）供桌题记

供桌也是题记出现的主要位置，往往有落款和时间（图9）。如果有桌布盖住，也记得要掀起看看是否有文字。供桌还会留下工匠的姓名和制作时间，这个如果不在正面，也可能在里面。当然不是每个供桌都有文字。我们要先假想有，然后去验证。

图 9 霹雳怡保将军庙民国十年(1920)供桌题记(宋燕鹏摄)

(六)钟鼎铭文

不少历史悠久的庙宇都有钟,一般都有时间落款。如槟城蛇庙就有“清水岩”铜钟,上面有“大清光绪丙戌年”,“百年神钟 大英 1886”等题记(图 10),可以证明该庙历史有 100 多年之久。

图 10 槟城蛇庙“清水岩”铜钟(宋燕鹏摄)

(七)仪仗题记

历史久远的庙宇,都会有仪仗,仪仗上也会有时间或落款。比如槟城鲁班古庙的仪仗上刻有“同治元年季夏”字样(图 11),证明该庙在同治元年(1862)年就已经建立了。

图 11 槟城鲁班古庙仪仗“同治元年(1862)”题记(宋燕鹏摄)

(八)旗杆、柱子题记

在一些早年庙宇里,旗杆和柱子上也会有题记。大山脚大伯公庙,门口的柱子上刻有“漳州府海澄县新安社沐恩弟子邱天来叩谢　光绪丙戌年六月十五日吉旦”(图 12)。从“新安社”就可判断邱天来是槟城五大姓邱氏族人。当然,他是建德会大哥邱天德的弟弟。海澄县 1960 年已经和龙溪县合并为龙海市。从这里,我们可以发现,槟榔屿的邱氏和大山脚的华社是有联系的。

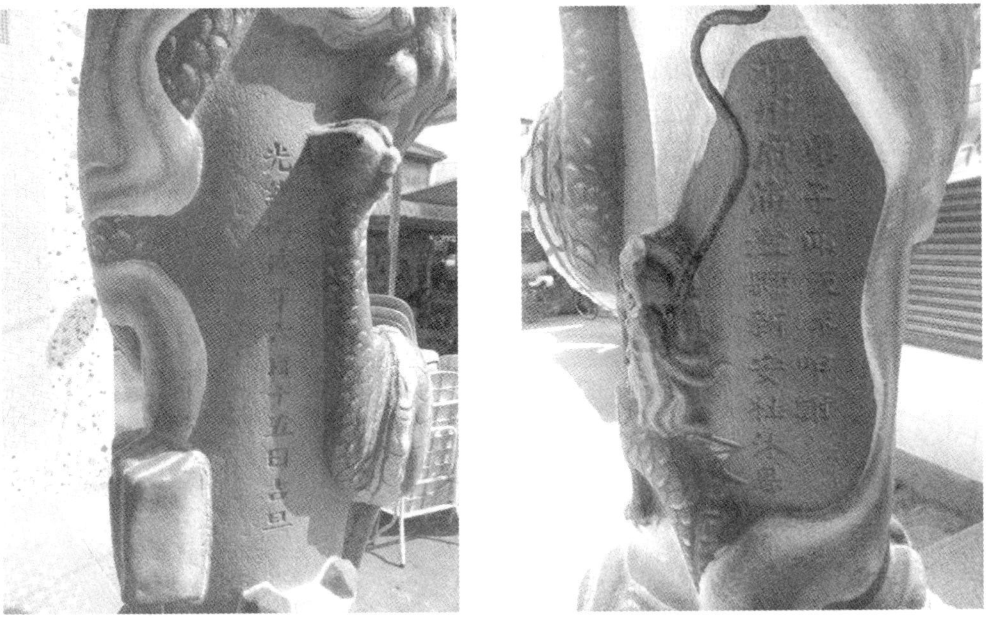

图 12　槟城大山脚大伯公庙门口“光绪丙戌年(1886)”柱子题记(宋燕鹏摄)

(九) 摩崖题记

摩崖题记的前提是必须有岩石,这主要在有山的地方才会出现。槟城比较早的摩崖题记以极乐寺为多,如图 13 所示。康有为的“勿忘古国”的题记,如今依然清晰。另外就是霹雳州。霹雳州多山,这里的寺院和道观很多都是依山而建,凿山为窟。霹雳州著名的三个洞窟,即霹雳洞、南天洞、三宝洞,都是如此。[①] 且石壁上多有题记,是历史学者的好资料。

当然除了这些外部能够看到的各类中文史料,不少寺庙和宗祠家庙还保存有自己的会议纪要和各种公文往来的档案、地契等。这些中文史料也属于可遇不可求者,需要研究者和上述机构进行接洽方知是否存在和是否可以获取。

① 参见陈爱梅、杜忠全主编:《南洋华踪:马来西亚霹雳怡保岩洞庙宇史录与传说》,北京:中国社会科学出版社,2017 年。

图 13　槟城极乐寺摩崖题记(宋燕鹏摄)

二、会馆(社团)内的中文史料

到一个陌生的华人聚居地做田野调查,第一个要去看的是庙宇,因为可以找到时间的坐标,以及本地华人领袖的踪迹。其次就是华人的会馆和社团。不少地区的华人会馆都是从华人庙宇的管理机构脱胎而来的,或者也是有密切关系的。比如槟城广福宫原本就是广东、福建两省人合作管理的庙宇,管理层发挥了协调管理华社事务的功能。而后由于矛盾丛生,广福宫失去了调解华人社会的功能。槟城大暴动之后,在英殖民政府的主持下成立了平章会馆。殖民地政府的目的在于协调华侨的私会党争与民间纠纷,为殖民地政府维持社会秩序及巩固统治权力,并非十足维护华侨的共同利益。1974 年,平章会馆改组为槟城华人大会堂,就在广福宫隔壁。再如雪兰莪海南会馆原本就是和乐圣岭的天后宫二位一体的。当然并不是每个地方的华人最高协调机构都是如今的华人大会堂或者中华大会堂,比如大山脚就是以大伯公(福德正神)庙管委会作为华社最高机构,金宝则是金宝古庙义山联合委员会作为本地华社最高机构,成员为各个会馆、学校和其他同业机构。所以庙宇之后,就是要去会馆查找资料。

（一）会馆（社团）会议纪要

会馆中最重要的中文史料是会议纪要（会议薄），如图 14 所示。会议纪要的主要目的是记载下来作为会馆档案而保存，却为研究者提供了非常好的研究资料。会馆纪要记录的重点有以下几个。

（1）参加者。每次会议并非董事全部出席，总有一些董事经常出席，有些就不怎么出席。分析这些董事的籍贯和职业，就可以看出会馆的决策者的倾向性。

（2）汇报上次会议决策之后的执行情况。

（3）讨论重要议题。每次开会都会有主题，这些主题可以发现会馆在历史演变过程中，如何应对重大历史任务。

（4）临时动议。平时会馆董事不开会，日常信件往来交由秘书来处理，每次开会秘书都把问题提交董事会议进行讨论，并做出决议。

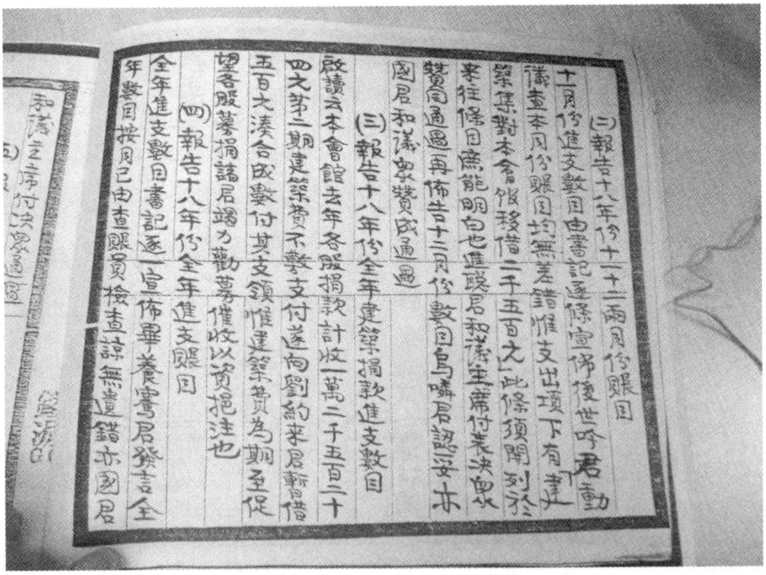
(二)報告十八年份十一十二兩月份賬目
十一月份進支數目由書記逐條宣佈後世吟君動
議查本月份賬目均無差錯惟支出項下有建
築集對本會暫移借二千五百元此條須開列於
來往條目庶能明白也進賢君和議主席付表決衆
贊同通過再佈告十二月份數目烏嘛君認妥亦
國君和議衆贊成通過
(三)報告十八年份全年建築捐款進支數目
啟讀去本會館去年各股捐款計收一萬二千五百二十
四元第二期建築費不敷支付遂向劉約來君暫借
五百元湊合成數付其支領惟建築費為期至促
望各股募捐諸君竭力勸募催收以資挹注也
(四)報告十八年份全年進支賬目
全年進支數目由書記逐一宣佈畢養實君發言全
年數目按月已由查賬員檢查諒無遺錯亦國君

图 14　雪兰莪福建会馆会议簿（宋燕鹏摄）

（二）会馆匾额、对联

时间比较久的会馆，经常会有匾额和题记出现，这些匾额可以提供很多历史信息。比如槟榔屿顺德会馆始建于1838年，大门门楣上的“顺德会馆”四个大字是民国十七年（1927）重建时，将罗家勤所书重刻（图15）。罗家勤（？—1891），广东顺德人，清道光三十年（1850）进士，官至刑部主事。工书法，曾为羊城书院、顺德凤山书院院长数十年，培养了一大批人才。罗家勤兄弟和众子皆为一时俊才，罗氏也成为顺德望族。

图15　槟城顺德会馆民国十七年（1928）罗家勤所书（宋燕鹏摄）

（三）会馆其他档案

马来西亚华人会馆的中文史料，还有另一重要部分，就是会馆档案。这些档案主要包括下面几类。

1. 与各级政府的电报、函件

早期的会馆档案，经常与中国各级政府联系。这些档案包括与中央政府部委的函件、与福建省政府的函件，甚至还有与广东省政府的电报。南来华人多为第一代，与中国原乡有千丝万缕的联系，故而类似的函件所在多有。而现存的华人会馆与本地政府的来往函件，以1900年以后的华民护卫司为主。

2. 赈灾救济的记录

中国每次发生重大的灾害，马来亚、沙捞越、北婆罗洲华侨都会自发组织捐款。这从清末就已经开始。捐款记录就成为我们了解会馆活动的很好的史料。“七七”事变之后，组织抗战的募捐活动就成为非常重要的会馆活动。尤其是募捐支持祖国抗战，在当时是非常自豪的一件事，每次募捐都会有募捐册。比如中国国家图书馆就保存有柔佛州麻坡华人的抗日募捐记录册，给历史学者研究当时的马来亚地区的抗日募捐提供了非常好的资料。而对本地灾害的赈灾救济,也保存有名册。且对本地医院、学校的建设,会馆也会加以支持。这些都造册保存。

3. 与社团的来往函件

与其他社团的来往函件,包括与本地中华大会堂的来往函件,学校、医院等公益组织的函件。

4. 财务档案

会馆的年度财务报告,都会作为档案保存,以备查阅。其中还包括出租房屋的证明、收取租金的收据等等。

三、义山中文史料的内容

义山是马来西亚华人史研究中的重要资料来源。但是限于经济和时间,中国学者少有进行此项研究。这是具有开拓性的研究领域。义山的中文史料,包括下面几个方面。

(一)墓碑文字

马来西亚华人义山的墓葬,基本上没有墓志铭,只有墓碑,一般皆有籍贯、墓主姓名、生卒年月、立碑子女等内容,如图 16 所示。它的意义是什么呢?①如果从顾颉刚先生"层累的历史"观点来看,义山的墓碑,就是在一段时间内累积起来的华人史的缩影。建构区域华人史,最早埋葬的墓碑,可以给予一个明确的时间坐标。因此,义山研究的主要议题之一,就是早期华人的拓殖史。②中国墓碑多埋葬故土,多是宗族葬在一起,因此无须标明籍贯。而早期华人虽然集中于华南地区,但来源复杂,因此墓碑标明籍贯,以彰显自己的原乡认同。墓碑就可以给我们提供了这方面的资料。③对于 19 世纪末方成形的华人聚居区来说,很多墓主的后代尚存。因此,通过墓碑上的人名作为线索,很容易进行口述史的访谈。由于第二次世界大战时期日本入侵造成大量文字记录被人为毁坏,以墓碑为线索,口述史的材料就可以弥补文献记载的缺失,部分还原百年前的区域华人的变迁史。

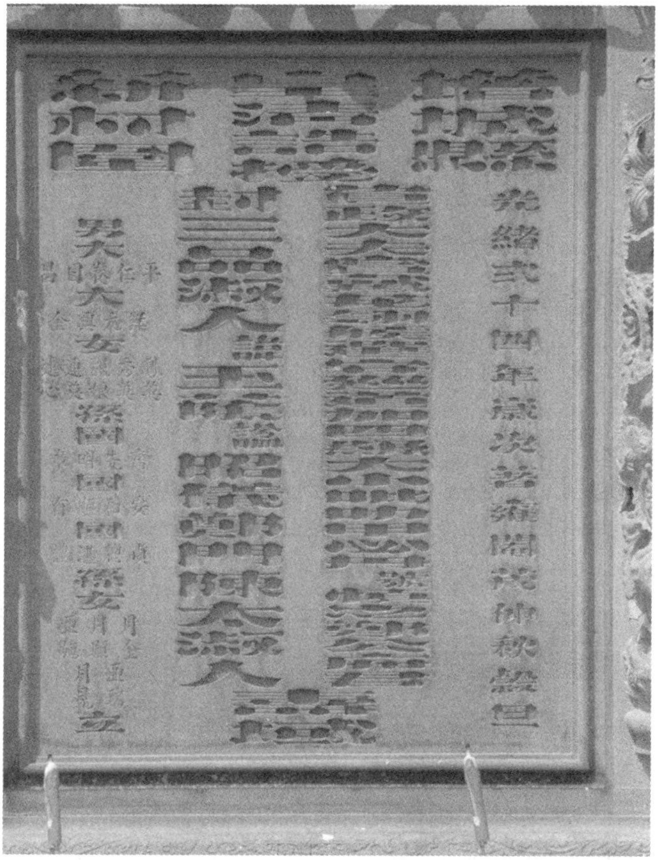

图 16　槟城广汀公冢郑景贵墓碑（宋燕鹏摄）

图 17　沙巴亚庇兵南邦华北人的“津侨坟地”（宋燕鹏摄）

（二）义山收据

早期华人去世，皆由生死局先开具死亡证，死者子女拿死亡证去义山管理机构换取埋葬证，然后持埋葬证方能到义山按照埋葬证上确定的墓地尺寸开挖坟墓下葬。有的义山是由会馆管理，如雪兰莪福建会馆是福建义山的管理者，在福建会馆章程的最后附有义山细则。而吉隆坡的广东义山则是单独的管理委员会，董事则由吉隆坡几个广东籍的会馆派员参加义山董事会来管理义山。

义山收据上固定印有死者的葬地等级，灵活填写的则由死者籍贯、姓名、死亡原因、申报人姓名等信息，如图 18 所示。通过统计收据籍贯，可以大致统计出来当地华人的籍贯分布、死亡原因等信息。

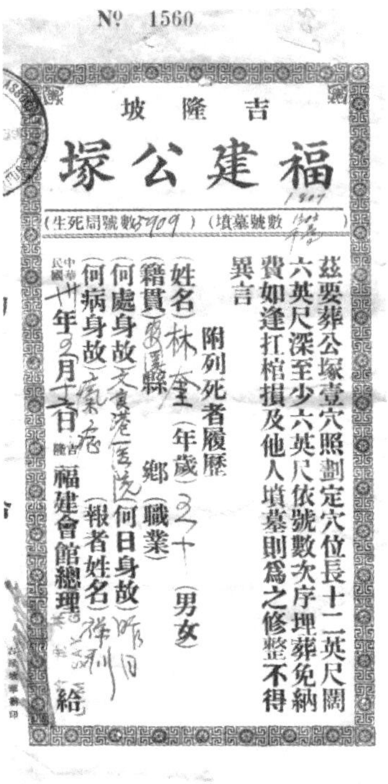
№ 1560
吉隆坡
福建公塚
（生死局號數 5909）（墳墓號數 ）
兹要葬公塚壹穴照劃定穴位長十二英尺闊六英尺深至少六英尺依號數次序埋葬免納費如逢扛棺損及他人墳墓則爲之修整不得異言
附列死者履歷
（姓名）林　（年歲）　（男女）
（籍貫）　縣　鄉（職業）
（何處身故）　（何日身故）
（何病身故）　（報者姓名）
中華民國廿年　月　日　吉隆福建會館總理給

图 18　雪兰莪福建会馆义山收据（宋燕鹏摄）

（三）义山会议纪要

由会馆管理的义山，其事务讨论可以在会馆的会议纪要里看到。由专门的义山管理委员会管理的义山，则专门讨论有关义山，以及其他社会事务。这以金宝古庙义山联合委员会和吉隆坡广东义山管委会为代表。从中可以看到马来西亚华人义山的角色和功能，以及在社会变迁中的调适。

四、中文报纸的史料

在马来西亚华人社会中，华人社团、华文学校、华文报纸成为马来西亚华人文化的三大支柱。在马来西亚华人史的研究中，这些以中文为载体的报纸是重要的史料来源。有关马来西亚华人史的中文报纸，主要有下面几种。

（一）《叻报》

东南亚历史最悠久和最早有名的报纸，应该是新加坡的《叻报》（图19）。《叻报》是战前新加坡出版和行销最久的中文日报，由著名的华人领袖薛佛记的孙子，新加坡著名华商薛有礼于1881年12月创办，至1932年3月停办，该报总共刊行了52年。从华人史的角度看，《叻报》以其内容之丰富，时间之连贯，是研究战前新加坡以及那时期马来亚地区华人的珍贵历史资料。遗憾的是，最早印行的数期早已失传。现存于新加坡国立大学中文图书馆的，仅限1887年8月19日—1932年3月31日，可网络在线浏览。网址：https://libportal.nus.edu.sg/frontend/ms/lat-pau/1887。

第一千七百二十四號

叻報

大清光緒十三年

丁亥七月初一日

图19　现存最早的一期《叻报》头版（1887年8月19日）

（二）《槟城新报》

《槟城新报》1896年由槟城当地华侨林华谦、黄金庆等便创设，1936年并入《光华日报》。由于该报立足于槟城本地，因此比同时期的《叻报》要更多的报道马来亚的新闻。它是研究20世纪前30年马来亚的重要史料。该报大部分保存于新加坡国立大学中文图书馆，可网络在线浏览。网址：http://lib.nus.edu.sg/sea_chinese/documents/Penang%20sin%20poe/Penang%20sin%20poe.html。

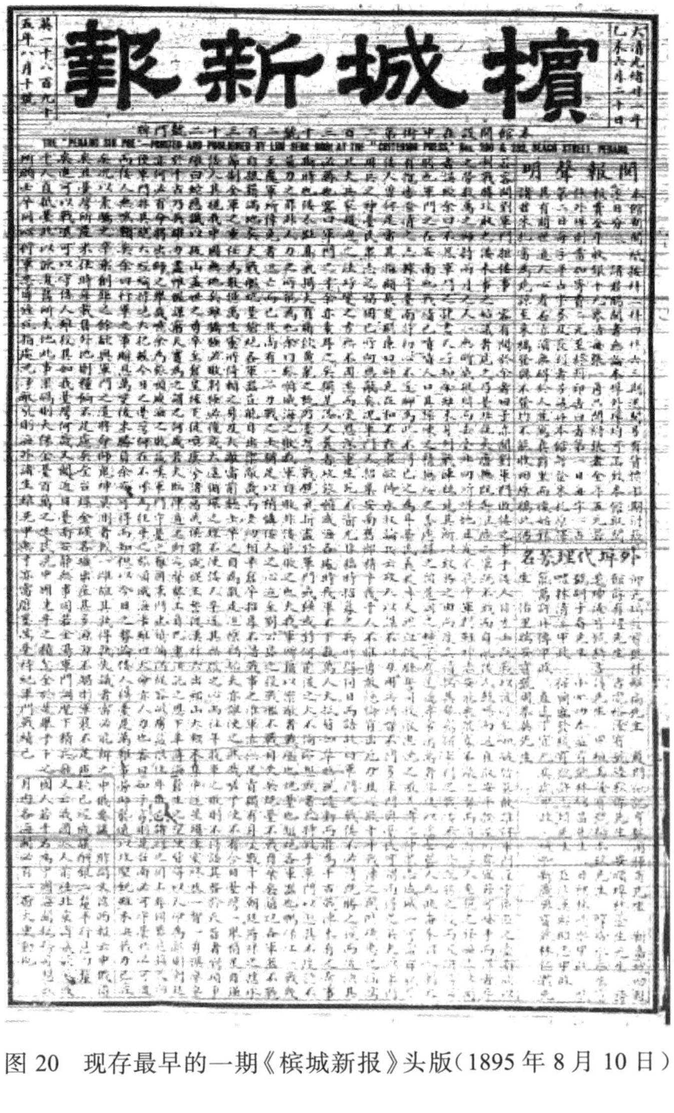
檳城新報

图20　现存最早的一期《槟城新报》头版（1895年8月10日）

（三）《光华日报》

《光华日报》是马来西亚的一份中文报纸，也是世界上最长寿的中文报纸，由孙中山于1910年12月20日在槟城创立，该报纸延续至今。新加坡国立大学中文图书馆保存有1927年以后至今的《光华日报》。该报没有电子化处理，无法在线阅读。

（四）《益群报》

《益群报》是1919年3月创办于吉隆坡的一份中文报纸，惨淡经营了17个年头，最后在世界经济大萧条的大环境下，于1936年10月被迫停刊。这是一份由寄居吉隆坡的中国知识分子主办、以中国为本位，立足吉隆坡，面向新马地区华人为读者的报纸。马来西亚国家图书馆有该报的缩微胶卷，可供阅读。

（五）《南洋商报》

《南洋商报》是由新加坡殷商陈嘉庚于1923年9月6日在新加坡独资创刊，是马来西亚历史最悠久的中文报纸之一。1962年8月起，《南洋商报》（马来亚版）在吉隆坡创刊。1965年，新加坡从马来西亚独立，《南洋商报》亦一分为二。1983年3月15日，新加坡《南洋商报》与新加坡《星洲日报》合并为《联合早报》。马来亚版《南洋商报》延续至今。新加坡国立大学中文图书馆保存有1923—1983年《南洋商报》，提供在线检索。马来亚大学图书馆保存有1938—1979年《南洋商报》的缩微胶卷，可供阅读。

（六）《星洲日报》

《星洲日报》是由著名的新加坡永安堂虎标万金油老板胡文虎、胡文豹兄弟将早先创立的《星报》和新加坡商人邓荔生的春源印刷厂合并而成，于1929年1月15日创刊于新加坡。1965年开始吉隆坡和新加坡两地印刷，后来逐渐变成两个不同的版本。马来亚版《星洲日报》延续至今，中间于1987—1988年曾短暂停刊。新加坡国立大学中文图书馆保存完整的1923—1983年的《星洲日报》，提供在线检索。马来亚大学图书馆保存有1929年以来的《星洲日报》缩微胶卷，可供阅读。

（七）《星槟日报》

《星槟日报》由胡文虎、胡文豹兄弟1939年元旦创立于槟城，1982年脱离胡氏集团，1986年因财务危机被迫停刊。其原班人马在马来西亚民政党主席林敬益的支持下在1987年12月18日创办了《光明日报》。吉隆坡的华社研究中心收藏有1951—1986年部分，正在进行电子化处理。

以上部分对寺庙、会馆、义山、中文报纸四种主要中文史料的来源进行了简略的叙述。对马来西亚华人史料的复杂性与多样性，是要有充分心理准备的。当然上述并非全部，因为并不是每一种史料都会平均分布在寺庙、会馆、义山等处。每处的中文史料的类别和数量在田野调查之前也并未了解，只有到现场才能知道。这就需要我们首先要具备一些学科知识，以便面对不同类别和数量多寡不等的中文史料时，可以“随机应变”。

四、跨界研究

马来西亚华人史，顾名思义，是历史学的研究，但是因为史料的多寡和研究对象的千变万化，需要学者具备多种能力，方能应付如此复杂的局面。我们从下面三个方面来理解跨界研究的内涵。

（一）跨学科

跨界研究的第一个含义，就是跨学科。如今，一个学科工具解决问题的时代早已经一去不复返了。史料的爆炸性的增加，致使一个学科出现捉襟见肘的窘迫局面。这就为学科之间的互相靠近，或者说互相结合带来了绝好的时机。但是华人史的研究，不能没有原则地跨界，必须坚持历史学的本位。

1. 历史学

对于历史学研究，近代学术大师诸如胡适的“大胆假设，小心求证”，傅斯年的“一分材料说一分话”，顾颉刚的“层累地制造出来的历史”，等等，都给历史学研究提供了有力的思考武器。在这些中国学术名家的真知灼见之外，笔者更愿意推荐20世纪上半叶法国年鉴学派大师马克·布洛赫（Marc Bloch，1886—1944）的名作《历史学家的技艺》[①]。该书系统介绍了作为历史学家所具备的基本技能，以及所要达到的目标。简而言之，该书阐述了历史学家需要具备的几个技能：历史感、史料分析的能力、考证的能力、整体观；因果观。因此，我们面对一个题目时，首先需要有问题意识；而后需要翻阅各种档案、文件、碑刻等文献，从中去查找相关史料；然后是分析史料的内容，考证史实的真伪。历史感、整体观和因果观都是我们建构历史进程、还原历史本来面目的有效手段。对史料的掌握是否全面，也是可以作为考量研究是否科学的一个有效手段。当然，研究马来西亚华人史，必须同时具备中国史与马来西亚史的基本素养。

2. 人类学

历史学家进行田野考察，更多的是受到人类学的影响。人类学的主要研究方法，包括整体观、文化相对论和跨文化比较等。整体观认为，从社会文化和人类行为的各个方面和层次研究社会的文化元素和行为，把社会或文化当作一个整体来研究。文化相对论要求研究者客观地看待被研究的对象。跨文化比较即坚持不同文化的比较研究，从中发现不同文化之间的差异性与共同性。

人类学对“仪式”的研究，逐渐成为进行田野考察的历史学家所关注的对象。在仪式研究理论方面，人类学家侧重于从仪式的象征解释中去把握特定社会秩序的再生，关注仪式的结构与功能，把仪式放在运动

① ［法］马克·布洛赫：《历史学家的技艺》，张和声、程郁译，上海：上海社会科学院出版社，1992年、2019年；［法］马克·布洛赫：《历史学家的技艺（第二版）》，黄艳宏译，北京：中国人民大学出版社，2006年。

的社会过程中加以考察，重在把握仪式在整个社会运作过程中的功能。这种对仪式和象征的解析，对研究近现代的历史学家以极其大的影响。这也是马来西亚华人史的研究方法中的应有之意。

3. 社会学

社会学是一门研究社会事实的多重范式的学科。传统研究对象包括了社会分层、社会阶级、社会流动、社会宗教、社会法律等，而采取的模式则包括定性和定量的研究方法。其中，对历史学影响最大的主要有社会分层引申出来的“社会权威”、社会流动引申出来的社区“空间结构”等。“社会权威”即领袖，在社会交往上具有压倒性的个人威望，上至马六甲华人甲必丹，下至会馆、社团领袖，皆在此范畴之内。还有一个重要的社会学概念，就是社会网络，即由许多节点构成的一种社会结构。节点通常是指个人或组织；社会网络代表各种社会关系，经由这些社会关系，把从偶然相识的泛泛之交到紧密结合的家庭关系的各种人们或组织串联起来。对于马来西亚华人史来说，在研究过程中，要注意到方言、地域、血缘、行业、信仰等不同认同对社会网络形成的重要促进作用，当然在不同情境之下人们的选择形塑社会网络的标准有异。

（二）跨时代（长时段）

历史研究一个重要的研究目的，就是把研究对象的历时性的变化揭示出来。这就需要研究者具有跨越时代的长时段的视角。就欧美史学界而言，法国年鉴学派（École des Annales）的兴起是社会史研究产生的重要标志。众所周知，马克·布洛赫等人倡导“综合历史”及“总体历史”，所强调的就是反对史学研究的片段性和碎片化，尤其是反对学者在各个狭窄领域内自我陶醉。其中年鉴学派第二代重量级人物费尔南·布罗代尔在其名著《15 至 18 世纪的物质文明、经济和资本主义》[①] 等著作中极力主张长时段的长波（Long Wave）研究，即日常生活对社会历史发展的

① ［法］费尔南·布罗代尔：《15 至 18 世纪的物质文明、经济和资本主义》，顾良、施康强译，北京：生活·读书·新知三联书店，2002 年。

决定作用，尤为振聋发聩。而在20世纪初期开始出现，五六十年代空前发展的新史学(New History)，一反以兰克为代表的传统史学，提倡广阔开拓史学研究领域，与社会科学、人文科学分支合作，强调史学家对史料的解释，重视历史学与现实的关系即史学功能等。将研究对象放在长时段的研究空间，方能看到研究对象发展演变的轨迹，从而找出造成演变的背后因素。

从长时段来看马来西亚华人史，就需要对马来西亚的历史发展阶段和变化有比较清楚的认识。马来西亚首先分东马来西亚和西马来西亚，各自简称“东马”“西马”。西马就是如今的马来半岛部分。1786年，槟榔屿开埠。1819年，新加坡开埠。1824年，英国从荷兰手里获得马六甲。1826年，为强化对槟榔屿、新加坡和马六甲的殖民统治，又将这三个殖民地合并为海峡殖民地，以槟榔屿为首府(后又迁新加坡)，隶属印度马德拉斯省。1846年，纳闽被割让给英国。1867年，英国又将海峡殖民地改为皇家直辖殖民地，由英国殖民地部直接管理。1906年，纳闽并入海峡殖民地。第二次世界大战期间，日本控制海峡殖民地。1945年8月，英国恢复控制马来亚。

1874年《邦咯条约》签订，英国控制了霹雳。随后，英国逐步控制了雪兰莪、森美兰和彭亨四州。1895年成立马来联邦，首府吉隆坡。1909年，英国与暹罗签订《曼谷条约》，取得对吉兰丹、丁加奴、吉打和玻璃市的宗主权、行政权和管理权，把这4个邦置于英国的殖民统治之下。柔佛一直保持独立，直至1914年才被英国完全控制。此后，柔佛、吉打、吉兰丹、丁加奴和玻璃市统称为马来属邦。

第二次世界大战以后，英国恢复了对海峡殖民地、马来联邦和马来属邦的控制。1946年，英国发布《马来亚联盟与新加坡：未来宪制政策声明》，即所谓的《马来政策白皮书》，把马来联邦、马来属邦以及海峡殖民地中的槟榔屿、马六甲等11个邦，组成马来亚联合邦，由英王任命的总督统治。1946年，纳闽与北婆罗洲合并，新加坡则作为单独的皇家殖民地，从海峡殖民地分离出来。1948年，海峡殖民地成为马来亚联合邦的一部分。1957年,马来亚联合邦宣布独立。1963年,新加坡加入马来西亚;1965年,分出独立。

东马位于今加里曼丹岛北部,包括现在的沙捞越和沙巴两个州(加入马来西亚时是以“邦”的身份)。沙捞越之前归文莱苏丹管辖。1841年8月18日,詹姆士·布鲁克(James Brooke)在帮助文莱平叛后,宣布沙捞越王国成立。之后不断领土扩张,到1905年形成如今的规模。1941年12月—1945年8月被日军侵占。1946年6月30日,沙捞越王国第三任白人拉惹(王公)查尔斯·维纳·温特·布鲁克(Charles Vyner de Windt Brooke)宣布放弃布鲁克王朝之名号,并将主权交予英国。同年12月8日,沙捞越由英国派驻官员、进行接管。1963年7月22日,英国予沙捞越以自治地位,但国防、外交、财政、内政等事务仍由英国政府所掌管。1963年9月16日,沙巴与马来亚联合邦、沙捞越和新加坡,共同组成独立的马来西亚。

沙巴旧称北婆罗洲,1881年开始被英国人统治,直到1963年8月31日,北婆罗洲被英国予以自治地位,同时改名为“沙巴”(Sabah)。仅16天后,1963年9月16日,沙巴与马来亚联合邦、沙捞越和新加坡,共同组成独立的马来西亚。

东马两州和西马各州的历史发展各不相同。相比西马,东马的原住民的人数居于优势地位,与西马马来人优势有比较明显的反差。由于东马原住民很多皈依基督教,穆斯林在东马居于人口的少数,使得东马本地历史和族群关系与西马也大不相同。以上东马和西马不同的历史发展阶段就是这种差异性的重要因素。这些是研究马来西亚华人史需要着重注意的。

(三)跨区域

区域史是如今历史学研究的一个热门的取材方向。“区域(Region)”是经常被当作地理范围的概念来处理,无论是以自然地理的山脉、流域、盆地、平原,还是以人文的族群分布、信仰覆盖的人群、语言风俗的传播,抑或是乡村、城市等人群聚居为标准,总归是可以用一定的标准划分出不同的地理范围来供研究者来处理。但是无论以任何标准来处理，研究者头脑中始终要坚持的问题是：为什么划分为这个区域？这个区域现在是什么样子的？这个形成的过程是什么样子的？最终所要回答的是：是什么样的外在和内在的动力使得这片区域最终形成现在的样子？

历史学的“宏大叙事”，只是一种叙述模式，并不能仅仅认为是帝王将相的历史而已。它所着重强调的不是研究对象，而是一个全局观或整体观；不仅要看到树木，还要看到森林。无论任何族群，无论任何社会性质，只要有政权存在的场域，在历史学看来，都可以运用这种叙述模式。如果针对中国研究，使用“国家”与“社会”的二元研究范式，抑或是“国家”与“民间”的分析模式，都突出的是国家政权的力量对地方社会的控制，以及地方社会对国家力量的反弹（比如“令行不止”）。或者说，“上有政策，下有对策”才是常态。具体到马来西亚华人社会，虽然19世纪末以来，南来的第一代华人长期坚持对中国本土政权的忠诚，但是毫无疑问，他们直面的统治者是英国殖民政府，更多的时候还包括各地苏丹王朝。在马来亚联邦独立后，他们所直面的国家力量又发生了重大变化。不言而喻，这些类似“国家”层面的势力的政策，比如紧急法令下的新村政策等，对马来华社在20世纪二战后的发展变化影响深远。

但是区域史只是一个研究的视角，还要放在区域之间的互动、联系上。比如槟城的华商中，张弼士就来自苏门答腊岛的棉兰，担任槟城首任副领事；张鸿南、张煜南兄弟也是南来后在棉兰起家，而后其商业也扩展到槟城，张煜南还曾担任槟城的副领事。他们之间的商业网络往往跨山越海。来自缅甸仰光的胡文虎、胡文豹兄弟的商业帝国也是遍布东南亚。北京大学吴小安教授曾以槟城庄氏家族商业史为切入点，指出庄氏商业史一方面表现了东亚与东南亚地区间大规模劳工移民贸易流动，另一方面表现了东南亚地区内社会经济大变动和贸易劳工流动。这是一张跨地区、跨边境、跨族群的商业网络，它的形成是19世纪中叶开始的西方殖民主义引发的结构性变化的产物。[①]2009年出版的*Penang and Its Region*:*The Story of an Asian Entrepot*一书[②],也属跨区域的研究,它以槟城及其邻近区域的商业网络为探讨。这些研究,透过区域的视角,展开跨区域的研究。由此我们可以发现,无论汉学研究,抑或是大马华社历史的研究,在社会史重视"国家"和"地方",或是"大历史"与"小历史"的框架指引下进行的,都不外乎是年鉴学派以来所主张的总体历史观和微观研究的结合。

上述跨学科、跨时代和跨区域,就是研究马来西亚华人史的过程中所需要具备的理论准备。马来西亚华人史的情况各地千差万别,需要研究者能做到面对不同材料运用不同的理论和方法。

小结

综上所述,马来西亚华人史中文史料的研究,也秉承历史学的"史无定法"的基本要求。要求研究者在面对不同数量、不同深度、不同领域的史料时采取不同的研究方法去处理。具体到马来西亚华人研究,能够做历史学研究的材料并不是遍地皆有,往往材料并不能够支撑起历史学的研究。此时,就需要用历史学建构时间线,用人类学和社会学的调查来填补史料的不足。因此,马来西亚华人史,抑或马来西亚华人研究,都不是一个学科所能解决的。至少需要历史学、人类学和社会学互为补充。具备上述学科的理论准备,就是必须且重要的。

[本文原题《马来西亚华人历史中文史料的跨界研究与方法》,载《华侨华人文献学刊》(第三辑),北京:社会科学文献出版社,2016年,第115—135页。收入本书时有修订]

---

① Wu Xiaoan, *Chinese Business inthe Making of a Malay State, 1882-1941*, London: Routledge, 2003; Singapore: NUS Press, 2010.

② Yeoh Seng Guan, Loh Wei Leng, Khoo Salma Nasution et al, *Penang and Its Region: The Story of an Asian Entrepôt*, Singapore: NUS Press, 2009.

建筑会说话

——谈建筑学对华人历史研究的补助

陈耀威
（马来西亚陈耀威文史工作室）

引　言

华人历史研究向来注重文献，即书籍、刊物、报告书和报章等材料的收集，进而是碑文牌匾等有文字的物件为史科，此外是采用口述历史和田野调查为依据。往往建造环境（Build Environment）和建筑物鲜成为研究对象，利用建筑来研究历史也常被忽略。

华人无论在原乡还是移民到海外，都离不开建成环境和建筑物。从聚落到城镇，华人建造了无数的商铺、住屋或商住合一的店屋、因信仰而产生的寺庙宫观、社会需求的宗祠会馆，甚至身后长眠的墓茔、塚坟等。这些华人社会赖以存在的建成环境或建造物都是研究华人历史不可或缺的证物。

然而，对于非文字的建筑和文物本身，一般人较难理解它所传达的讯息。不是因为建筑“不说话”，而是因为它讲的是“建筑语言”，是以空间、材料、结构、形式以及装饰等组成的句子，借以说明建筑的内涵和背后创造者或使用者的观念和意图。

建筑学，一种可以掌握建筑语言的学科，在某个程度上是可以辅助或开拓历史研究的范围或深度。广义上，建筑学是研究建筑及其环境的学科，它更多是指与建筑设计和建造相关的艺术和技术的综合，因此建筑学是一门横跨工程技术和人文艺术的科学。

作为专用词的“建筑学”所研究的对象，不仅是建筑本身，更主要的是研究人与建筑物的关系。在主要研究领域中，建筑理论和建筑历史是最贴近人与建筑关系的范畴。前者探讨人对建筑建成和使用的思想。后者在研究建筑史 的同时也阐释了社会发展史。

一、建筑学的研究方法

建筑学研究是透过对建筑环境（聚落到城镇）和建筑物的观察和分析，以探索建筑行为（建造活动）和建筑物所传达的信息。所分析的包括建筑的建造年代、建筑设计之布局、空间、结构、材料、形式、装饰等，还包括倡建者、营造者和使用者。

建筑是复杂和多面向的物体。除了外显的形体、形式和装饰，对于隐藏在结构和空间组织的意义，就需获取图面或进行建筑测绘，画出平面图、剖面图甚至三维图才能加以分析、理解。可以说，利用建筑图和地图来分析建筑意义是相当重要的方法。此外和图一样重要的就是历史建筑或景观的照片或插画，它也能够提供丰富的非文字讯息，对相关研究有巨大的帮助。

理解建筑传达的信息，可以借助于建筑符号学加以解读。因为从符号学的角度来看，建筑是人类创造巨大的符号系统。黑格尔曾提出建筑是“用建筑材料造成的一种象征符号”。在营造活动中，建筑符号所传达的不仅是形式，也象征其中文化意义和情感思想。

符号学之父索绪尔提为符号就是能指（signifier）与所指（signified）两个元素所构成的关系。之后由英国学者奥根登和里查兹在这基础上提出了符号三角（Semiotic Triangle）（图 1），增加了意指对象。意指对象就是使用符号的人之间的关系。

美国学者莫里斯将符号学归纳为符构学（符号的构成）、符义学（符号的意义）和符号学（符号的应用、作用）形成较完整的符号学理论。符号三角应用在建筑中，能指为建筑的物质实体，形式和空间。所指代表建筑的内容,意指则是建筑与人的关系。

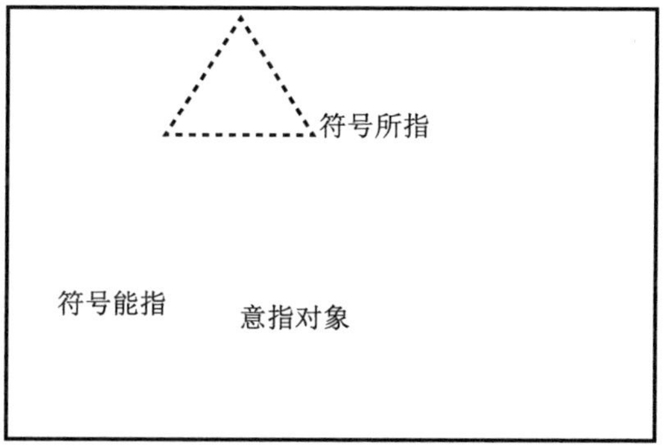

图 1　符号三角

符号是需通过认知主体才能传达信息。而作为认识主体的人在接收信息时,是以社会约定俗成的概念去认识和解码。不同社会文化背景、年龄和思想观念的人会产生不同的诠释结果,加上建筑具有同时性和历史性,形式层面的多样性和内容层面的复杂性,建筑符号诠释具有它的模糊性和任意性。因此就华人研究范畴,如果具有华人社会文化以及历史常识,就比较容易对华人建筑进行解码,也可以较准确的诠释建筑的传达信息。

华人社会所建的寺庙、宗祠、会馆、民居等,承载了丰富的历史文化信息。单单建筑物的建立就已是某个群体存在的证明。观察建筑的形式和风格也可以推断其属于哪个民系所建造。而分析建筑的选址、配置、尺度的大小、高低繁简关系,都可以在某个程度上解读持份者(stakeholder)的经济能力、权势和社会地位的高低。

一般来说,华人传统建筑往往结合文字,赋于场所和空间意义,如门额、对联、门叶,或那些志建筑落成或重修后的牌匾和碑刻。此外,还有建筑物内的物件,如香炉、钟鼓、神龛或者家具,多少相附有关的文字资料。毕竟单独靠建筑诠释有其局限性,因此需要结合建筑物的文字资讯,再配合相关文献,才算恰当。所以说,建筑学是可以补充历史研究。

以下是以建筑学补助历史研究,并提供华人历史研究新视角的两个案例。

二、从慎之家塾与海记栈看甲必丹郑景贵的心态

郑景贵(图 2)是 19 世纪槟城和霹雳的重要历史人物,他是锡矿开采先驱、海山党魁、拉律战争风云人物、太平开华兼建设者、霹雳华人甲必丹和资政大夫、唐番两地双官衔的“大人”,他也是乐善好施的“大头家”(老板)。郑景贵在槟城享度晚年,以八十高寿逝世,安葬在槟城白云山。

本文以他在槟城义兴街建造的两栋建筑物——慎之家塾(其祠堂,图 3)与海记栈(其故居兼商栈,图 4),加上白云山的大墓,从传统建筑的艺术文化和历史内涵,尝试解读他晚年的活动。

这两栋崇祠甲第建筑物,过去多被认为是原来的义兴公司总部和五福堂书院,只是郑景贵买下并改用成慎之家塾和海记栈。笔者进行了现况建筑测绘,再“套读”在 1891—1893 乔治市测量图(Kelly Map, 1891—1893),发现郑景贵不是继续用,而是拆除原有该处的 9 栋建筑,重新建造一中一西的郑家中心建筑的结论。此外,笔者也就甲必丹建筑物的选址、布局、工艺技术进行分析,解读郑景贵当时造屋的立意与动机,并从建筑学上来探讨郑景贵的为人与心态。

图 2　甲必丹郑景贵

图 3　慎之家塾

图 4　海记栈

槟城乔治市之 Church Street,华人称“义兴街”,19 世纪秘密帮会义兴公司曾在此街设总部。义兴公司部早已不存。竖立在此间的是一中一西的祠堂与华厦——慎之家塾与海记栈。要不是那相同的维多利亚

铸铁围篱与皇帽门柱,两栋毗连的建筑看来实在毫不相干。其实,当时的屋主亦非等闲之辈,乃是与义兴公司敌对的海山公司领袖甲必丹郑景贵。青砖高檐的慎之家塾和堂皇重楼的海记栈,象征了殖民地时代甲必丹郑景贵非凡的身世与地位。

(一)海记栈与慎之家塾的建造

慎之家塾和海记栈的建造,已是郑景贵七旬时的事。海记栈先建于1894年,慎之家塾于1899年竣工。两栋原址都存有重要的建筑。海记栈原址有8栋建筑,门牌分别是义兴街24、27、29、25、25A、25B、25C及31号,以及唐人街(Penang Street)33号。义兴街31号本属义兴公司总部,是个三开间两进带后廊的建筑。大厅非常宽大。1862年,它被转手给义兴首领李遇贤。后再几度转手,到1893年落到郑景贵手中。

郑景贵并没有保留义兴公司总部来当作海记栈,而是拆除原地所有的建筑,新建了他的华厦。时义兴或海山等秘密帮会,已在殖民地政府1889年“社团法令”(1890年生效)下解散,表面上无所谓存在敌对帮会关系了,只是义兴这名字一直存留在华人街名中。

海记栈原来位于土库街(Beach Street)31号,是一座临马路的商行建筑,规模不小。身为大地主的郑景贵,在槟城拥有何其多的房产和土地,要找块地建新的海记栈,以他的财雄势力是轻而易举的事。然而他偏偏选择在义兴旧址新建,似乎为了象征他的海山击败义兴,并要彻底清除义兴的痕迹。

此外,看来郑景贵不要义兴的遗存,是因为除了空间和外貌不符,它还有更大的计划,就是再建个祠堂以让后人祭香火。他贵为富豪官绅,出入车马,要建祠堂和豪宅店屋,需大块建地和门面。

(二)慎之家垫原址

当时义兴公司隔三间之距,现慎之家塾处,是广帮五福堂之公所。五福堂是粤中之南海、顺德、番禺、香山(今广东中山)及东莞五县移民所组成的联合县级地缘会馆,也是三开间二进的建筑。据《重修五福书院碑记》记载，身为五福堂总理的郑景贵意中承买过去，就捐了一块比旧址还大数倍的地皮在牛干冬与五福堂交换，并且出资 5 760 元叻币协助迁建新公所。他要的，也不是古朴无文的五福堂旧会所，而是土地。

从一份 1891—1893 年的乔治市测量图（图 5）。我们看到，门牌 23 号至 33 号共有 9 栋房屋。对郑景贵来说，唯有全部取得，拆除，再重新规划新建才符合他老人家的心意。

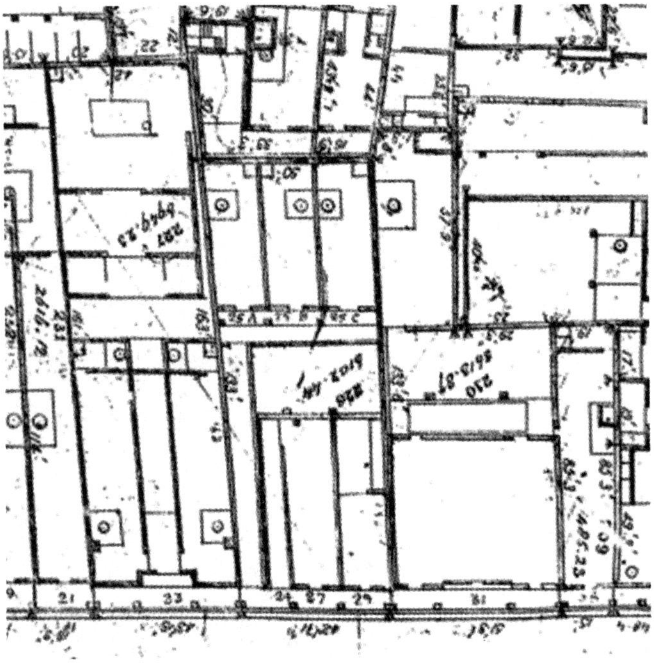

图 5　五福堂及义兴公司屋等原址平面图
（1891—1893 Georgetown Survey Map, Pen Heritage 提供）

（三）总体规划

新建筑的布局（图 6）如下。原五福堂地段建慎之家塾，前后退缩留设前院与后院。左右留约 1.8 米的青云巷。左边紧挨青云巷，即原“六间屋”和部分原义兴公司屋地段建造海记栈。约 3/5 原义兴公司处则放空为侧院空地，以让车马进出。如此一来，形成长达 48 米开阔的沿街面，建筑气势宏伟。从配置图来分析，慎之家塾的前院亦是海记栈的右侧院，海记栈居中，左右围以铸铁篱笆和石门柱。整个建筑布局成为一体的郑家中心，门牌定为土库街 29 号。31 号从此消失。慎之家塾和海记栈与原址套图如图 7 所示。

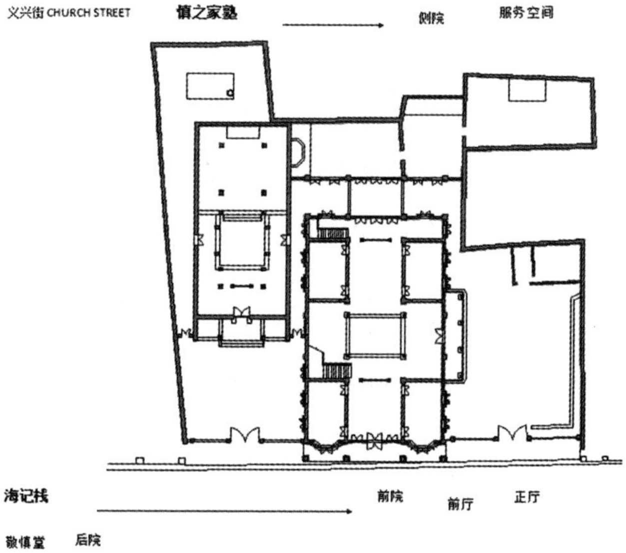

图 6　慎之家塾与海记栈平面图
（陈耀威文史建筑研究室绘）

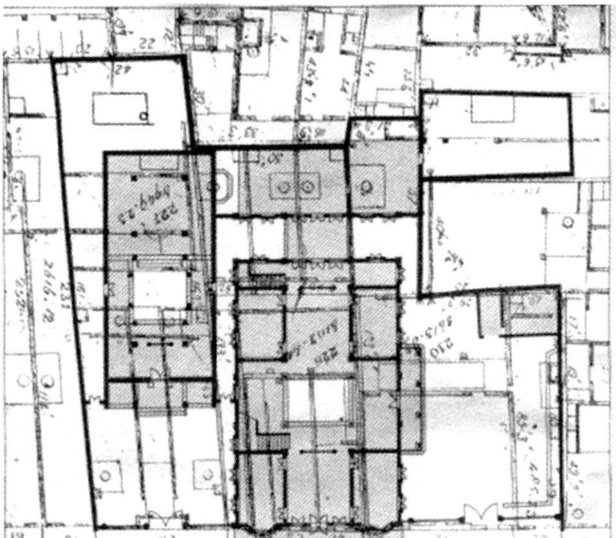

图 7　慎之家塾和海记栈与原址套图
（陈耀威文史建筑研究室绘）

（四）海记栈

海记栈是甲必丹郑景贵在槟城的公司总部，也是郑家府第——资政第。由于土地取得较早，工程和慎之家塾比起来较简单，海记栈历时一年就完成建造。1895年是郑景贵的75岁大寿，也许就是赶在那年让他做寿荣庆。

海记栈面宽三开间的海记栈，重楼二进，后面带单层厨房及仆人间。左设侧院，后留一小天井，置水池和灰塑壁饰。建筑形式上，主建筑中轴对称，临街而立。一楼留廊道五脚基（骑楼）。第一进门厅左右有厢房。对外设凸窗（Bay window）。同样的，第二进正厅亦有左右房。对走廊开的是当时流行于广州的满洲窗（亦称满周窗）。两进之间是天井和走廊。走廊一边为侧门厅；另一边为楼梯间，有大楼梯可登二楼。二楼平面大致和一楼相似，也是两厅四房带后廊，唯向侧院有伸出的阳台。

从平面空间、材料运用和装饰来说，海记栈是极为综合性的。它是店屋化的孟加楼（Bungalow），同时也是中西合璧的特殊建筑。海记栈的建筑平面是以中国闽粤两进大屋为基调，叠层为二楼楼房；为了要办商务，建筑贴临马路，一楼留五脚基是店屋（shop house）样貌；楼房旁有空地院子（compound），后部用廊道连接服务间（service quarter），则又是殖民地孟加楼的特征。这多种功能及表现的综合体建筑，在当时是绝无仅有的。在外形上，它以殖民风格为主，即四坡落水覆盖红瓦屋顶。二楼正面落地木百叶窗。窗顶弧拱形，上面各有一对圆孔小气窗。壮硕的骑楼柱和二楼附壁柱，源自塔斯干柱式（Tuscan Order）的方形变体。骑楼内的凸窗，源自北欧建筑。最显目的，是来自苏格兰 Glasgow W. Macfarlane 公司出产的铸铁铁花栏杆和阳台柱子，使这豪宅添增欧陆风情。

就如其他19世纪本邦华人豪宅别墅，二楼西化的外观之下，一楼往往保留相当中式的入口门面。即中央开大门，左右设窗，窗顶复开气窗，再配上门匾对联。海记栈镂雕贴金的大门左右一副对联："南天湛露源，北厥彤云厚"意指郑景贵广利济人，恩泽彼乡此邦。门额之"海记栈"，就如左上角小印所刻，乃郑景贵之“陶公事业”，这事业有赖海山共浮沉，故有隐记海山之字味。

栋宇宏敞的海记栈室内空间和陈设，中西兼备：西洋窗内套色蚀刻中国花鸟山水图案，进口套色地砖衬托广东酸枝木嵌螺钿家具，与金碧广东木雕格扇和飞罩相辉映的是麻石天井四周的苏格兰铸铁柱子和花栏杆，还有柚木地板大楼梯及天花水晶吊灯等，一派华洋杂糅的堂皇富丽。这种殖民地式再综合中华或本土的，广泛被称为“海峡折中式样”（Strait Eclectic Style）。

身为客家人，郑景贵晚年没有仿造原乡客家大屋那种朴素的青砖灰瓦平房，即“双堂二横”的门堂屋，而是采用海峡折中式样来建楼房。这说明了在世俗家居生活上，他已逐渐在地化。他身为甲必丹，平时社会接触来往的是华、英、巫多元人种与事务。海记栈折中的建筑元素和家饰，表现他接受多元或先进事物的开放度。另一方面，对处在殖民地强势文化下的华人，包括被殖民的印、巫人，所建造的房屋往往采纳西方／殖民地风格语汇，郑甲必丹的资政第也没有例外，因为它最能体现屋主社会地位和身份，尤其是外表的高廊列柱、室内宽敞的大梯（grand stair）。

（五）起盖宗祠

1899年，郑景贵在海记栈之右建了一座传统堂构，以其号“慎之”命名，门额写有“慎之家塾”四个大字（图8）。私塾或家塾是私人子弟读书的场所，由仕宦或富户之家所设立。不过清代广东有许多祠堂，却以“书院”“书室”“家塾”代之为名。郑景贵的慎之家塾就是一例。

固然，祠内延师教子当家塾无不可。可是慎之家塾之设目的乃是要安奉郑家神主，为家祠之用。在宗族观念炽盛的清代，起盖宗祠是件重大的事，建祠堂有“明宗法，继绝嗣”的旨意，也是为了敬宗收族，报本追远的目的。

以郑景贵一个人的力量立祠堂，含有他荥阳郑氏在此地启开基之意,望子孙在本邦一本开枝,将来成为盛族。回头来,子孙后代要报本敬宗。慎之家塾正堂(图 9)内的“敬慎堂”堂匾可视为一语双关:“敬慎处事”,亦是“敬崇慎之”之意。

图 8　慎之家塾门额

图 9　慎之家塾敬慎堂

(六)造生祠

其实,慎之家塾这个郑景贵所建的祠堂,说得准确点,当时是他的生祠。祠堂落成时,郑景贵故乡新村敦本堂族亲所赠的对联,就刻记“慎之尊兄大人生祠落成志庆”的字眼。

普遍上,生祠是朝廷或乡众为生人所立的祠堂,为了表扬某人功在邦国的极度表现,鲜有自己为自己而立者。郑景贵自立生祠,当是自视显荣,以其勋功伟业足以让后人敬仰。祠内有对联赞他:“以中朝阀阅,作外域屏藩,当湖海南来应推第一;有潞国声华,备汾阳福泽,极唐宋盛事此既兼全。”“慎职著华廷,资政第以巍峨,光辉广府、增城,知秀毓于福和,争羡郑侨,亢宗哲嗣;之名扬异国,甲必丹而赫濯,望显太平、槟屿,缅雄财乎霹叻,群钦英主,封诰明文。”

大意是说,慎之翁不只是中朝华官,在外国亦任甲必丹番官。以中国人在外国当官,自湖海南方算来应是第一人,名声赫著,扬威于太平和槟榔屿,深获霹雳王室和英殖民者的赞赏。他雄厚的财势和巍峨的宅第和一生的成就光耀广府福和家乡,也为郑氏家族裔立下令人羡慕的榜样。确实像他又是中朝“本国资政大夫”,同时也是南邦“移国大小霹雳甲必丹”的显赫人物,当时又有几人?

(七)立铜像

自立生祠,在本邦郑景贵算是第一人,而立铜像(图 10)供人瞻仰和纪念，也是前无古人。立生祠是中式作法，塑铜像则是西方方式；两者都含有纪念的意义。不过祠堂祭祀更有深刻中国式的祖先崇拜行为理念，中国人相信死后鬼魂继续存在，子孙要“祭如在”，事死如事生，后人要定时点香烛和祭馐食才算“孝敬”。郑景贵必然要子孙后代的祭拜孝敬。

图 10　慎之家塾内的郑景贵铜像，亦是身着二品官官服

（八）建生圹

少年闯荡江湖，中年叱咤风云，已到花甲暮年的甲必丹郑景贵，“兰孙桂子，生无缺事，家有余欢”，该做的事就是建生祠，也建生圹，以确保身后有蒸尝之享，香火之祭。生祠落成时，他已 78 岁，生圹于他逝世三年前就已建好。郑景贵生圹（图 11）建在槟城白云山（现广汀第四公冢），规模极大，对称的墓曲手节节展开达四节，总面宽 35 米。墓龟双圹（与陈夫人合葬）。此墓为福建风格，也许葬其福建籍陈夫人有关系。

图 11　郑景贵之墓生圹

郑景贵生圹可说是廿世纪初全马华人最大，等级最高的一个；主墓背枕白云山，前以溪流为界，明堂六角龟甲麻石铺面上立一对石狮，墓道两旁分别有一对麻石望柱和两对石雕翁仲（石像生），据后人说，原本尚有凉亭和水池，也就是说，原先在墓道的一条轴线上，凉亭、清池、石像、望柱以及石狮排列到墓前，气势非凡，整个家族墓园占地 13 英亩。特别的是，墓道左右竖立四个如真人般大小石雕将军的手中，各执一

牌,刻着“本国资政大夫”(图 12)和“移国大小吡叻甲必丹”(图 13)。本国是指中国,移国是本邦移居之国,大小吡叻分别指霹雳(Perak)和太平(Taiping),标志了郑景贵两国官位的成就和地位。按清代规制,二品官墓道可置石人,文武各一,石虎,石马及石羊各一对,未明志置石狮。郑甲必丹之墓在槟榔屿,并没有完全遵照清规制,而是结合清末民间盛行置石狮加上石将军之自由作。

图 12　石翁仲执牌“本国资政大夫”

图 13　石翁仲执牌“移国大小吡叻甲必丹”

(九)慎之家塾的建筑

1. 布局

慎之家塾面宽三开间,进深两进。左右有火巷,一边巷子通海记栈。它是一栋典型的广东祠堂建筑。第一进为头门(门厅),门廊左右次间有高抬的包台。头门中央只开一大门,墙面无窗。大门入内即有档中(屏门),后面为天井。天井左右是走廊,走廊再升二阶就是第二进的正堂。正堂名“敬慎堂”。堂匾之下设贴金木雕精美的神主龛,供奉郑景贵及家族神主牌位。神主龛前,是郑景贵身着二品官服朝帽的铜像,如真人般大小,栩栩如生,令人望而生敬畏。

其实,郑景贵生前在这世上共建了三间慎之家塾:一在他故乡增城新村,二在广州城区,三在槟城。新村的规模很大,占地 1 550 平方米,面宽五开间,两进深。这倒符合清代二品官建祠的规定,不过两边都加了客家横屋。可惜这建于 1897 年的祠堂的第二进已拆除,改建两层校舍,现为育才小学。广州市的原状不明,在 20 世纪 80 年代城市发展时已拆除。

和故乡新村的相比，槟城的慎之家塾只是基本的三开间规模，而且面宽略窄，但是它却是郑景贵最倾力营建的一座。毫无疑问，郑景贵不计成本，选购最佳材料和重金延聘广东能工巧匠过来，建造了令人叹为观止的祠宇。其精工和细致的程度，在马新的广府建筑中首推第一，甚至可以说是东南亚最精致的广府建筑。

2. 建筑构造与工艺

慎之家塾是座砖木石构造，瓦顶灰脊的建筑。前座 13 架梁，后座 15 架梁，室内厅堂为正间抬梁式结合次间硬山搁檩的结构方式。四周砖砌承重墙，麻石（花岗石）勒脚（墙裙）。两侧山墙高拔超出屋顶面，这是广府建筑特征之一。

呈青灰色的墙体，皆是坚硬优质的水磨青砖，磨砖对缝成平整精准的墙面。门廊立一对麻石檐柱，左右有粤式建筑常见的麻石虾公梁和看梁狮子，檐柱纤巧的柱础立在石砌包台上。廊墙墀头和巷门皆有精雕细琢的砖雕。

造价不菲的慎之家塾，两堂主梁架用料肥硕无华；而檐廊步架梁、档中、檐板、飞罩及神主龛等木作，却极尽雕饰之能事，且多数遍体敷金，金碧炫目。

此外，天井两廊内壁，有大幅五彩贴金灰批（泥塑）壁饰：文臣武将、神仙瑞兽游立于亭台楼阁之间，巧夺天工，稀世罕见。最夸张的是，屋顶琳琅满目之彩塑灰批和石湾花脊，高大张扬，脊高达 4.3 米！数层交叠，左右角鱼，中央双龙戏珠。檐口一对灰塑狮子尤甚巨大生猛。无比寻常的瑰奇堂构，标志主人不寻常的身世和地位。

3. 建筑的内涵与象征

对于远渡重洋讨生活的华侨，在异地发达之后，多数会荣归故里，建大屋，修祖祠、祖坟，以及建书斋设教，以“光前裕后”，方谓完成人生的大事。华侨有此说：“此四样不全，即不得称为‘全福’。因大人屋住人，祠堂崇祭，书斋设教，坟墓敬祖：都是光前裕后的意思。”

郑景贵亦有归故里盖屋，修祖祠祖坟和建家塾，但他还是选择槟榔屿作为终老的地方。因此他复制了在原乡所做的事，即建市屋，也盖山上别墅。尤有进者，在槟榔屿建有他的生圹和生祠，堪称“福上加福”。

建筑，作为一种空间实践，无论在原乡或海外，最能实现华侨“光前裕后”的意识形态，促成“全福”最具象征力量的行动。同时，透过人人看得见的规模、材料以及形式风格，建筑物亦表达了主人的社会、政治、经济地位。

假如仔细观察建筑的特征，郑景贵的这两栋崇祠和甲第遗存，似乎透露了双重的内涵：整座慎之家塾，除了室内大理石的地坪和左右巷门额，从材质到形体，是彻头彻尾的广府中式传统建筑，与隔壁西洋风味的海记栈形成对比。对郑景贵来说，祠堂为神圣空间，乃祖先的居所。虽在他邦，还是得按中土形式来建(以免祖先认错所在？)。另一方面，庄严肃穆的祠堂最能呼应他中朝命官的形象。

如此看来，郑景贵两栋并列的建筑物，如果说海记栈能象征“移国甲必丹”，慎之家塾则是“本国资政大夫”的建筑外化了。只是在槟城这英国殖民地，甲必丹是他当时的官职，所以竖立在慎之家塾和海记栈院围的前围篱，就是维多利亚铸铁花栏杆和具有权力象征的英国皇冠门柱。

三、槟榔屿海珠屿大伯公庙历史的再检视

槟榔屿的丹绒道光(Tanjong Tokong)海岬客家人叫它“海珠屿”，而福建移民后代叫“本头公屿”。那里的庙，客家人称“海珠屿大伯公庙”(图 14)，福建移民后代称“本头公屿大伯公”。乔治市大伯公街福德祠与丹绒道光福德祠的正名一样是“海珠屿大伯公庙”。20 世纪初，两间大伯公庙都归客家五属所管理；不过 19 世纪中叶，尚属广府和汀州人士的公庙；更早很可能是部分闽粤人的伯公圣地。

海珠屿大伯公是否是槟城最古老的庙宇建筑？乾隆壬子年(1792年)的香炉本来是在户外还是一度被请出庙外？由于时代久远且涉不同华人帮权争纷，海珠屿大伯公庙可以说是最受争议的华人庙宇。本文尝试透过建筑研究，整理两庙的文物，结合历史文献，重新再检视槟榔屿海珠屿大伯公庙的历史。

（一）地理背景

丹绒道光是马来文 Tanjong Tokong 的音释。Tokong 是神或神庙；Tanjong 亦写为 Tanjung，指的是海岬；Tanjong Tokong 原意是神 / 神庙的海角。这名字出现得相当早，1832 的槟岛地图已可见到。可见，当地的马来人早已看到有华人拜神之处，因此称为 Tanjong Tokong。

（二）丹绒道光大伯公

丹绒道光处于槟榔屿东北，距离乔治市约 7.7 千米。海岬向东北凸出，分别划出北边和偏东南的海湾。现大伯公庙地约有 0.01 平方千米，范围内分布着不同时期的建筑物，包括戏台、钓鱼台、瞭望台、碉堡、别墅、凉亭和办公楼等。

此庙坐东北朝西南，据背山面水之势：它背枕小丘陵，东北侧海边围月湾堤，堤外和正对面戏台的背后就是朝夕拍岸的潮水大海。从丘陵到海岸都散布磊磊大小岩石。庙后是两块硕大岩石交然而立。特别之处是，大伯公庙就镶建于大岩石上，部分岩石突进庙内(图 16)，形成神龛。

大伯公庙相当小，只是一开间的殿宇，前带四柱拜亭，拜亭左右再加开着圆窗的护室，形成较罕见的倒“T”字形平面。前方的拜亭屋顶为歇山式，左右两厢屋顶低于拜亭飞檐下，上下错开有如断檐屋顶形式。大伯公庙硬山式的主殿、厢房以及歇山式拜亭的屋顶，都一样呈曲面。它们檐角起翘，正脊和插脊皆作燕尾脊，脊上布饰丰富的剪粘和灰塑，包括正脊的双龙和角脊的走龙，垂脊以剪粘牌头收尾，乃典型闽南建筑形式。

图 14　海珠屿大伯公庙

图 15　大岩石凸进庙内

殿内甚窄，加上常年烟火熏黑椽梁屏壁，越见幽暗。殿端无壁，而是巨石斜凸悬立，岩下垒砖石为拜桌台，再深后处有一龛，龛内无神像，只有一石牌刻“大伯公神位”（图 16）。拜台左侧有一门洞，仅能容一人弯身低头穿过，后面就是岩洞的后半段。地上供奉的甘文烟炉和插香的石炉，象征拿督公神位。

图 16　龛内无神像，只有大伯公神位

伴在庙的左侧坡地有四个古墓（图 17），墓主分别为开山地主张公、大埔邱兆进、永定马福春以及开元顺寂沙弥西滨禅师。张公有姓无名，与邱兆进一样没墓葬年份。马福春的墓志显示，其葬在嘉庆十四年（1809）。西滨禅师应该是驻庙的法师，葬于咸丰四年（1854）年。

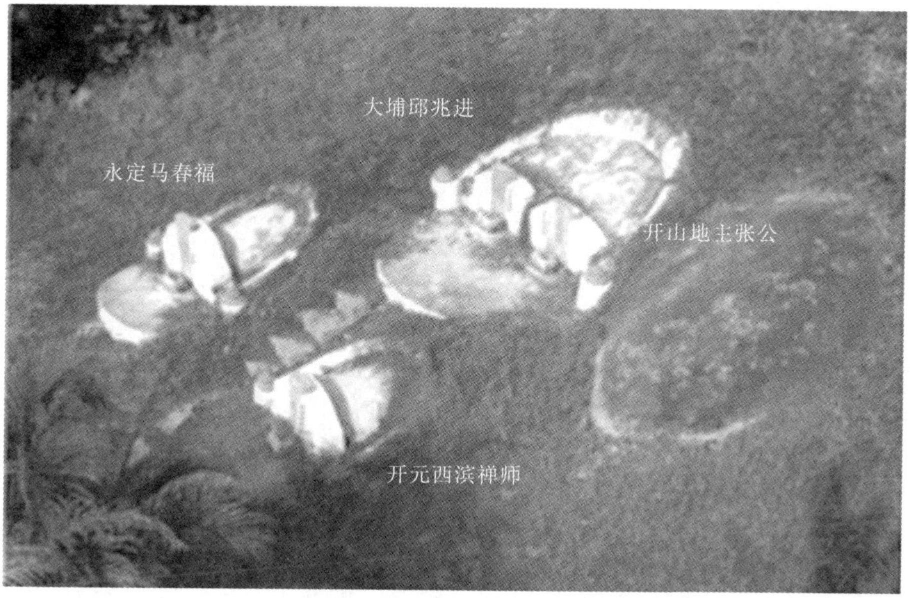

图 17　庙侧的四个古墓

（三）海珠屿大伯公建造年份考

根据过去庙前榕树下发现刻文乾隆壬子年（1792）的石炉，蓝渭桥认为早在清乾隆五十七年（1792）香火已存在。邝国祥等在 1958 年撰述《槟榔屿海珠屿大伯公庙重建碑记》认为，嘉庆四年（1799）胡靖公（胡武撰）以张公羽化之岩起为庙。

另外，日本学者今堀城二据大伯公街之《重修海珠屿大伯公宫碑记》和同治八年（1869）所立的《经理修饰金漆碑》推证，海珠屿大伯公庙是“创建于咸丰年间（1851—1861）”。

海珠屿大伯公原始处的大岩石前端悬空斜立，底下形成自然遮檐的洞穴。如果说张公死后被祀为神，那传说中他坐化的这岩石洞被祀为大伯公神位，焚香膜拜是有可能的。而且维持岩石 / 石洞作为大伯公的圣迹，不盖庙或数十年后才建庙是很平常的事，如槟城的蝙蝠洞（咸丰二年，1852）、锡山大伯公（咸丰八年，1858）（图 18、图 19）、水坝凹顶大伯公(光绪三十三年,1907)、垄尾南山大伯公就是几个例子。蝙蝠洞到1916年才在岩洞前盖伯公亭,凹顶和南山大伯公在20世纪80年代才建简陋小祠或亭,而锡山大伯公至今仍然维持岩洞神位而没盖庙。

图18 岩洞式的锡山大伯公

图19 岩洞内福德大伯公神位,咸丰戊午年(1858)受的香火

海珠屿大伯公建庙的时间不是嘉庆四年(1799),而是咸丰年间。不知今堀城二是如何推论创建于咸丰年间,他没解释清楚。一篇比胡翰(J. D. Vanghan)更早叙述丹绒道光的英文文章提供了19世纪40年代海珠屿大伯公的情况。这篇1846年发表于*Simmonds Colonial Magazine*题为*Tanjong Tokong*的文章未署名作者。文章写道:"这地区得名自个岩石,立于海湾的东端,叫鼠屿(Pulo Ticoose)(图20),华人奉祀为神庙,比(槟)岛内任何更为受崇敬。这岩石常常引起纷端,往往导致不同华人教派之间的血拼。而一个小公司(congsi)或团体,最后付了450元,取得岩石和周围大约1/3的土地,获得这地方最高的拥有权。""车马车并未能通达到庙,但是从每天都有大队的华人到来参访,奉祀神明花果和甜肉(烧肉),它是这殖民地最热门的地点。"从中我们看到,原来直到19世纪40年代,海珠屿大伯公还未成正式的庙宇(即使有也可能只是个小土地龛),而重要的是那块岩石。所以真正建庙是在"小公司"取得土地权之后的事。

比对邝国祥等撰的碑记,上述英文文章就是1843年李春生从伯朗手中买块一弄多的地,李春生再以450元转售给文科六人等的记录。"文科等人”代表的是个团体的产业代管人，那这个团体应该是会党还是海珠屿大伯公呢，不得而知。不过六个信托人中已知两个是香山和兴宁人，所以不可能是客属的组织。

图20 老鼠屿

从上篇英文刊登的年份看来，土地转到文科等代表团体应是在1843年尾到1846年间。据此推测，海珠屿大伯公庙也应该在这一段时间建立起来。另一篇登于1949年《海峡时报》的文章为我们提供这样的论点。这篇K. S. Chia所写的《海岬之神》(*Joss at the promontory*)提到，华人称为本头公屿的大伯公庙是槟城香火最旺的神庙之一，纵使岛上有半打的大伯公庙，丹绒道光的是最受名籍华人崇拜之庙。“这庙形成约110年前。那时有和尚们居住在该地点邻近的寮房，他们回来建了庙宇。之后，华人渔民聚成聚落，寺庙也逐渐兴旺起来。”

从1949年回推110年，相当接近19世纪40年代。值得注意的是，文中提到“寮房(hut)”是靠近那“地点(the spot)”而不说庙，而年代也不是笼统的约100年而是约110年，说明他获得的历史是较可靠的。从这里，我们也了解大伯公庙那时起有法师驻庙，才有1854年开元沙弥西滨禅师圆寂后葬在马福春墓旁之墓的存在。

在建筑方面，推测海珠屿大伯公庙创建时只是单座主殿前带四柱拜亭的格式，面宽只有一开间，主殿是直接套在大岩石的前半段，所以庙内是没有端墙的。到了1872年，大伯公进行第一次重修。这次的重修不见于庙方的文字记载。据邝国祥等五君于1958年撰写的重修碑记述,海珠庙宇历经1865年、1909年及1921年三次重修。我认为他们把1865年大伯公街福德祠的错认为海珠屿大伯公庙的重修,原因是看到1865年的石碑题为《重修海珠屿大伯公宫碑记》。这碑题其实也造成许多学者的混淆,本文后面还会再提。

1909年,海珠屿与大伯公街的两座庙都同时进行大修。其实海珠屿大伯公庙是扩建和重建。即扩建拜亭左右两厢,同时重建主殿和拜亭,形成今天看到的规模(图21)。依照传统建筑规制,本来增建厢房应该是在主殿左右或后进,由于海珠屿大伯公庙背后是岩石,左边又有坟墓,只好向拜亭左右增长。这样的增建显得相当怪异,厢房与本来四面无墙的拜亭无法衔接,只好留出约半尺宽的墙缝。

图21　1909年重建后的庙貌

我们在2016年11月18日及2017年1月21日进行了建筑考古,发现整座庙宇的墙砖和地基都是20世纪00年代的材料和构造(图22)。这证实1909年的重修是重建和增建。

(a)墙砖

(b)地基

图22　墙砖和地基都是20世纪00年代的材料和构造

图 23 为海珠屿大伯公建筑的演变。18 世纪 90 年代到 19 世纪 40 年代前它只是大岩石 / 岩洞神位圣迹；19 世纪 40 年代，在岩石上始建单殿前带拜亭的小庙；20 世纪 10 年代，重建主殿和拜亭，又增建两厢。

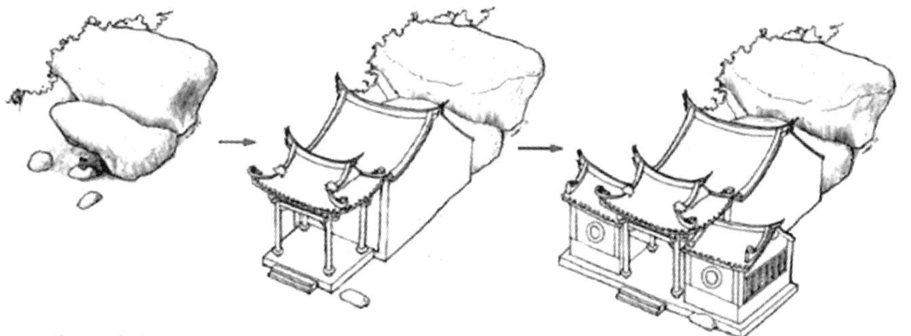

图 23 海珠屿大伯公建筑演变图（陈耀威绘）

（四）大伯公街大伯公庙建造年份考

大伯公街大伯公庙（图 24）占地 6 937 平方英尺（约 644.47 平方米），左邻台山宁阳会馆，右边紧贴中山会馆。为五开间面宽，两进深的建筑，比海珠屿正宫规模还大。中轴前殿奉祀大伯公，后殿祭拜关帝圣君，又因为它是数次增改建而成，也可以看成中央是三开间，两殿两廊道庙堂，左右各是一开间又两进的厢房。厢房前落二层，后落单层，整体共有六个大小的天井。它属于闽南式建筑，屋顶曲面，屋脊起翘，正脊和插脊皆作燕尾脊，脊上布饰剪贴和灰塑，垂脊以剪贴牌头收尾。在中央庙宇部分，砖石相配，朱墙画假砖，排楼面青石白石搭配石雕，步口石雕圆柱，上面承顶木雕朱漆安金梁架。

图 24 大伯公街大伯公庙 / 福德祠

现庙内悬挂的两块19世纪初的匾额,一是嘉庆十五年(1810)由胡武撰、刘坤来等赠送的挂在后殿的“同寅协恭”匾(图25),是庙内年代最早的文物。前殿大伯公神龛上头悬的是嘉庆十八年(1813)沐恩众弟子敬立的“五方父老”匾(图26)。

图25 嘉庆十五年(1810)的“同寅协恭”匾

图26 嘉庆十八年(1813)的“五方父老”匾

那大伯公街的这座海珠屿大伯公分祠是何年创建的呢?邝国祥等人说的嘉庆六年(1801)已被学者否定。陈剑虹在《槟榔屿华人史图录》说是约建于道光十三年(1850)。今堀诚二和王琛发都据“同寅协恭”匾而认为是创建于嘉庆十五(1710),只不过再阅读庙内的两块石碑后很迷惑,未敢下定论。

今堀城二认为:“这两碑在想象中,原来可能是在海珠屿的,以后才被移到福德祠中。而根据这两碑,海珠屿大伯公庙是创建于咸丰年间(1851—1861),同治四年(1865)虽有重建,但其主体是广东汀州帮。如果海珠屿大伯公庙是创建于咸丰年间,是没有于嘉庆六年会设分祠于大伯公街的理由。”[①]

我们也是根据上述匾、石碑以及旧地图,才确认大伯公庙分祠创建

① [日]今堀城二:《马来西亚华人社会》,刘果因译,槟城:槟城加应会馆扩建委员会,1974年,第89-90页。

于嘉庆五年(1810),只是起初它只有中央部分的一个殿堂。55年后,大伯公街福德祠第一次重修和增建。《重修海珠屿大伯公宫碑记》(图28)提到,经前人创立庙宇以来,敷德泽于南邦,今因楹桷桡折之患,垣墙有倾颓之虞,建筑损坏了,需集众人的力量解囊修缮。“于是相宜度地,卜吉兴役。”也就是说,规划和测量土地,卜选个吉祥的日子动工。“前堂则基址之仍旧,后堂则创建之鼎新。”注意这两句,它们告诉我们这福德祠原本只是唯有一进的殿宇,修建时前堂(殿)平面维持不变,(屋身屋顶可能修建),而后堂(殿)则是完全新增之建,变成两进的建筑,规模为之恢宏。

图27 重修海珠屿大伯公宫碑

图28 《重修海珠屿大伯公宫碑记》

这也同时说明重修海珠屿大伯公宫指的正是大伯公街的海珠屿大伯公庙,因为大伯公街的才是两进的建筑物,而海珠屿的大伯公庙,至今只有一进而已(单座殿堂,前面的拜亭不算一进)。造成困扰的是外人不了解分祠原来也和正宫叫相同的名字,就像吉打阿罗士打的大伯公庙,是从海珠屿分香过去,也是叫“海珠屿大伯公”。

如此说,那两块石碑本来就立在大伯公街的福德祠内,而不是从丹绒道光移过去。同样的,“同寅协恭”和“五方父老”匾也原属于大伯公街福德祠。这两块匾的尺寸都是7尺(约2.33米)之长,不适合丹绒道光小庙龛屏中央只有5尺(约1.67米)之处悬挂,这又是一补证。再者,同治年间(1862—1874)重修碑的募捐统计是2 700元左右,这是用在修和新建两进规模庙宇的款数。如果是丹绒道光单开间的小庙,应该只要约600元就够。所以说,从重修款项也能证明这海珠屿大伯公宫不是丹绒道光的大伯公庙。

从 1877 年乔治市地图获知，1865 年或 1866 年修建后的大伯公街福德祠只是拥有中央庙宇部分，即三开间两进的建筑，两边尚是空地。相信到 1880 年代，才增建左右两厢，形成五开间规模，因为 1891—1893 年的凯利地图（图 29）已显示拥有左右两厢的平面图。

到了 1909—1911 年，福德祠再进行一次大重修，门面改置石雕墙堵，步口和后殿皆换了石柱。至于两厢的后段，后室正墙面则往前移，扩大后室，面对的是变成约 3 尺（1 米）深窄小的天井。后室面对小天井的正面墙依然有中央木门，左右铁支木窗和顶上的气窗，墙顶塑成西洋式的三角形“山花（Pediment）”（图 30）。

图 31 为大伯公街福德祠建筑演变图。

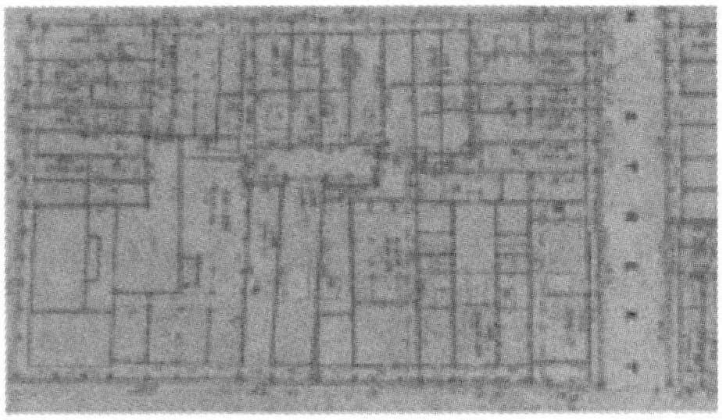

图 29　1891—1893 年的凯利地图
来源：JUPEM 槟岛测量局

图 30　1911 年重修后的大伯公街福德祠庙貌

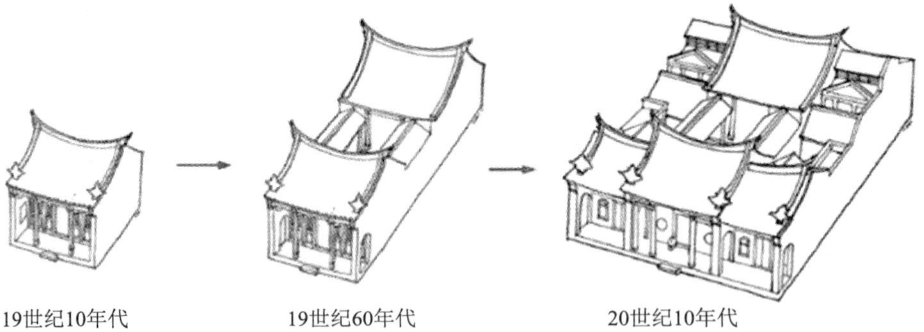

图 31　大伯公街福德祠建筑演变图（陈耀威绘）

四、结论

丹绒道光海珠屿大伯公庙虽小，却有非凡的地位。它是北马最古老的大伯公香火的圣地，很早就在市区有分祠和分香，甚至跨海分香至吉打和马六甲。海珠屿大伯公有别于一般土地公，它是有组织的开拓者先民，生而英，死而被祀为神。大伯公圣地/庙也就一开始跟天地会有密切的关系，它早年属于义兴公司，信徒不分籍贯。20世纪初始归客家五属所管理的。

丹戎道光海珠屿大伯公庙不是槟城最古老的庙宇建筑，自18世纪末有大伯公的祭祀神位以来，它维持大岩石/石洞圣迹直到道光年间(1821—1850)才正式建庙，庙就镶建在大岩石上。今天我们看到的海珠屿大伯公庙已是1910年重建的模样。

大伯公街的大伯公庙也叫海珠屿大伯公庙/福德祠，建庙的时间比海珠屿的还早，创建的推手来自汀州客家人。19世纪60年代，它属于广东和汀州人士的公庙，同样也在19世纪末才归客家五属管理。

东南亚客家华人研究方法与实作

——马来西亚社会学田野访查经验 *

张维安

（阳明交通大学通识教育中心）

一、前言

应研讨会邀稿的旨趣，本文的写作方向着重在方法论的讨论，并举出实际操作的案例。全文分成三部分：首先，针对议题基本概念，如客家、客家华人、东南亚客家华人的界定，以及东南亚作为一个分析单位的方法所涉及的限制加以解析；其次，以社会学议题的关心及实作经验加以说明；最后，以砂拉越的客家华人刘善邦个案为例，探讨相关方法的运用及其限制。

二、名词概念厘清

（一）谁是客家？

这是一篇客家研究的论文，首先得先来看看“客家”的定义。在日常生活里，有时候我们以某人是否说客家话为判准，将说客家话者当作是客家人，以父亲为准，判别其子女是否为客家人。另外，如果一个人的故乡在客家庄，我们也会自动把它他当作客家人。海外华人的原乡如果是在客庄，通常我们也是自动把他当作客家华人。例如，我们在日本神户华侨历史博物馆，发现一份关于杨寿华先生的记载。虽然他本人在广东顺德出生，不过他的父亲是五华人（客庄），我们还是把他当作是客家人。也就是说，一个人本身或其祖辈，从客家原乡移民出来的，在没有特殊的条件下，我们常不假思索的将其归类在客家人的分类。

在实作上，一个海外的历史人物来自客家原乡，加上参加客家会馆，或者是又有住在移居地的客家社区里面，如果没有特别的说明，例如有记载他的祖先不是客家人的证据等，通常我们就自然地视其为客家。从学术研究来看，也许会发现“客家血统与闽、粤、赣等省的非客家汉民血统并无差别”，不过除非有特例，通常都是以日常生活的常识来认定客家人群归属。

方法论上，使用这种日常生活的方法来界定研究对象，有它一定程度的风险。例如，一个人的原乡在梅县，甚至于从梅县移民到槟城又参加了嘉应会馆，我们就把他当作客家人。这样的推断看似十分稳当，不过确实有许多风险：他的祖先非常可能是从非客家地区移居到梅县的非客家人，我们只是从资料上看到此人从梅县移民到槟城。前面的分类举例也许太过于源流说，事实上社会科学对人群进行分类时，并非只有引用其体质特征作为标准，有时根本不用血缘或源流的概念来分类。经验告诉我们，从自我的祖先追溯、历史经验、宗教信仰、文化传统、风俗习惯、祭典仪式、语言、地域范围乃至于饮食方式等方面，来分辨我群与他群的做法反而更为常见。

过去客家族群作为一个群体，客家话是其认同的最重要因素。不过古时以一县或数个县为语言区域，彼此之间尚存有内部的差异。例如，梅县附近几个县的“四县腔”，与大埔腔、诏安腔、河婆腔、饶平腔之间有若干差异。如果把江西、湖南、广西等地客家话纳入讨论，彼此的差别甚至大到无法沟通。经验上还不只如此，经过长期的互动，在客家话常受其周边族群语言的影响，甚至使用共享语言，例如和采用闽南语、粤语，甚至是原住民语言。我们常依赖不太可靠的基础，例如语言、血缘或聚落特征来进行人群分类。

（二）客家华人

当我们使用客家华人这个词汇时，主要是指海外华人里面的客家人。从历史发展的进程来看，海外华人中的“客家”分类，算是近代的产物。在海外客家会馆建立之前，大部分的客家团体使用家乡的名称作为会馆的称呼。抗战期间，胡文虎担任香港崇正会与南洋客属总会会长，在南洋倡议客属公会的建立，鼓励新马各地筹组客家公会，促成新加坡南洋客属总会成立。在原来以故乡为名的社团前面加上“客属”的动作，在客家族群形塑的过程中，具有重要的意义，地方性团体跨越了地理空间的界限，整合到以客家为名的族群团体中。从某个角度来说，这可以说是胡文虎客运用属族群资本的动员，串联起了跨地域的客家社团网络，以客家精神作为旗帜，号召团结不同地域的客家人，串联起世界各地的客属分会。不过从另外一个角度来看，可以说胡文虎在客家作为一个族群的进程上，做了相当重要的贡献。20 世纪 20 年代，新加坡的星洲客属总会成立，带动马来半岛、婆罗洲、暹罗、荷属东印度群岛等地的客家意识发展。东南亚各地的客属会馆在 20 世纪 30 年代末如雨后春笋般出现，客家族群呈现空前团结的现象，形成一个跨地域、结合社会与空间概念的“南洋客属”共同体。

基本上可以看出，今天所讨论的海外客家华人，有许多人在移居海外之前，未有“客家族群的认同”，或者未有所谓的客家意识，所以在移居海外的很长一段时间，只有地缘性的结社。甚至于在当代的印度尼西亚，学者访问其身份认同的时候，仍然以原乡的地名作为自己的认同对象，例如称呼自己是“蕉岭人”。因此，18 世纪马来西亚惠州人和嘉应州人之间的对抗，并不能解释为客家人内部的对抗。某种程度来说，有些海外客家华人仍在从原乡地名的认同，过渡到客家族群认同的途中。

（三）东南亚客家华人

在定义上，本文所指称的东南亚客家华人，并未涉及被研究者本身（主观表达）的族群认同，相当程度的是指从中国客家原乡移出者，包括那些只有原乡认同和已经了解自己的客家族群身份者。广义来说，当我们指称东南亚客家华人的时候主要是指包括早期从中国客家原乡的移民及其后代，以及从海外其他地区向东南亚移民的客家及其后代，这当然也可能包括客家华人与其他人群通婚的下一代。他们可能不谙客语，有些也无客家文化的生活特质。如果是这样,“东南亚客家华人”议题的研究对象要如何定义,往往还需要着墨一番。

由于客家人口居住区域相当广泛而分散,就我所知,东南亚各国并没有基于调查统计,推估客家人口的资料。因此东南亚客家华人的研究,经常以能见度比较高的客家聚落为对象,或者通过客家社群团体,例如客家会馆、信仰中心等作为了解的线索。不过,也因不同学科关心的议题不同而有所差别:有些学科擅长于收集非常多的历史文献资料,从资料的累积来理解;有些学者喜欢在某一个特定的地方长期蹲点,并定期回访;也有综合性的以资料为基础,加上短期的田野资料收集与多次的回访,做出对东南亚客家华人的解读。何种方法比较好?研究方法应该像工具箱那样,因为不同的需要而使用不同的方法,因此无法凭空说哪一种方法比较好。

三、分析单位与实作方法

(一)东南亚作为一个研究单位

厘清客家人、客家华人的概念之后,我们还是要面对一个概念,那就是东南亚。世界观在改变,从“南洋”作为一个地方到以“东南亚”作为分析单位的浮现,和世界体系的扩张有密切的关系。相对于“东南亚”,过去也许我们更熟悉“南洋”这个称呼。据说明朝起,以中国为中心,有南洋、北洋、东洋与西洋的世界观。旧时,闽人称到南洋谋生为“下南洋”,也就是“过番”。根据维基的资料,“东南亚”一词在 1839 年由美国牧师霍华德·马尔科姆(Howard Malcolm)在他的《东南亚旅行》(*Travels in South-Eastern Asia*)一书中首次使用。马尔科姆的东南亚定义只包括大陆部分,排除了海洋部分。第二次世界大战时期,盟军于 1943 年成立东南亚司令部(SEAC),“东南亚”一词因此被广泛使用。

在华人社会中,南洋是一个根深蒂固,具有原乡史观的专用名词,从南洋大学(1955)、南洋客属总会(1920)的名称就可以了解。从南洋到东南亚的改变,不仅仅是名称上不同,更是一种世界观的变迁。东南亚作为世界体系的一环，置身于贵金属（包括南美洲）、国际劳工、香料贸易、橡胶、樟脑、茶叶、甚至于咖啡、可可的世界经济分工体系。东南亚作为分析单位，多少改变了以中国为中心的世界观。东南亚被放在地球仪中来命名，也许有西方角度的主观性，但无疑的，也有一定程度的在地特质。东南亚这个舞台承载着许多跨国、跨洲人群的互动而有的社会与经济史，不同人群各自拥有其历史时间与社会时间。世界体系中的“东南亚”作为一个分析单位，蕴含着华工移民与锡矿、金矿的开采，橡胶和鬃油的种植，丁香、豆蔻和胡椒为大宗的香料贸易，带来东、西世界贸易的形成。世界航线的兴起，逐渐产生欧洲、中国、东南本地和华工的政治经济学议题。海外华人的诞生，会馆及其与原乡的关系，在地都市、农村、山区地景、地貌的形成，以及内蕴的族群经济分工，不再是“南洋”的问题。

东南亚作为分析单位的浮现，相当程度地反映出客家族群网络牵动的范围。或者是从东南亚以外的角度来看，这些地区的客家华人有其放在一起分析的理由。东南亚客家华人作为一个分析对象，并不是否认东南亚各国之间客家华人的差异性，而是在分辨国别之间的客家华人差异性之外，有一个值得共同看待的概念性议题。

“东南亚客家华人研究与实作”，这是非常需要说明的题目。定义研究的范围与对象，在概念上本来就有一定程度的复杂性。首先，如前所述，“客家”或“客家华人”，其意义或内涵需要不断的说明，即便研究者与读者已有共识。相同的，“东南亚客家华人”的概念则是另外一个需要说明的地方。以“东南亚客家华人”作为一个整体来分析，不只是要厘清“东南亚”包括了哪些国家，哪些国家不包括在内。更重要的是，先验上我们不知道各国客家华人的母体。一个研究如果不知道母体，就无法宣称所进行的有限样本是否具有代表性。以有限的样本所得到的结论，对于无所知的母体似乎没有解释或推论的基础。即便过去我们无意间已经这么做，理论上仍缺乏用个案去解说母体的根据。

无论如何，当我们使用东南亚客家华人这个题目时，已注定了要面对几个方法论的难题。首先,我们所讨论的"客家"是一个多重定义,或说无法清楚定义包罗万象的分析变项。其次,"东南亚客家华人"也许我们在地理疆界上能清楚地指陈,不过有限的观察样本能否代表真正的东南亚客家,仍有逻辑上的鸿沟。

(二)多地点及多次数的田野访查

以一个区域为范围,对客家议题进行地毯式的一般性研究并不容易。使用电话进行抽样访问,在东南亚根本上也行不通。多地点研究或田野访查,常是一个可行的方案。也就是说,针对一个研究议题,研究人员在同一时间针对不同地点或不同时间针对相同地点进行探索。在东南亚进行客家华人的研究,如何进行多地点甚至是多时间(多次)的访查?

在一个讲究代表性的社会科学统计研究中,抽样和代表性常被关注,最少要得出理论上或统计上的代表性;否则,无法宣称是进行作为一个全称式的"东南亚客家华人"研究。话虽如此,目前是否具有作为抽样对象的母体,仍是一个未知数。如前所述,通过统计抽样原则进行客家华人研究的抽样并不可行。因此,质性的、立意的、具有理论意涵的社区考察或个案研究,将成为了解点状或带状分布的客家聚落的一种(选样)途径。对于这些客家聚落的了解,各学科分别有其专有的研究手段与方法。对于一个无法长期驻点的研究者而言,每一次来访一周或两周,参加不同的活动,重复或不重复地拜访信息提供者,通过口述访谈、文献搜集、历史现场考察、文物调查、地方报道等综合性资料的考察,建构出关于研究对象的认识,是一种较好的访查方式。如此一次又一次的解读,一次又一次和专业的同行与跨域的研究者对话,以进一步获得学界的共识。也许是多于一个以上的考察结论(可能互补也可能不兼容),也许是某一个时间点互为主观的共识,往往因学术典范改变,互为主观的共识也将跟着转变。

为了获得这种部分性的、时代性(暂时性)的认识,研究者通常需要对同一个地点进行长期、多次的田野考察与访问,不只是了解一个客家聚落的发展,有时还需要观察一个客家聚落的发展与社会建构,以所认识的、部分性的知识为基础,来认识所未认识的、更整体的面貌。这有点像用部分文本的认识来解读整篇论文的意义,再从整篇论文来校读部分文本的含意,以便逐步认识得更完整。

(三)历史时段与社会结构

就结构性的议题来说,分别的田野访谈、个别的客庄蹲点调查,都有其了解客家华人的意义。不过,回到长期、巨型的结构性议题来看,法国年鉴学派时间观的结构与节奏也许有助于我们思考东南亚客家华人的出路。例如,布罗代尔(F. Braudel)将历史的时间分为个人时间、社会时间与地理时间。个人时间通常是指事件史的时间。事件如潮水所掀起的浪花,激烈澎湃,传统史学常把研究重点放在这里。短时间的个人史和事件史,是由短暂、波动的时间所构成的历史。这种历史研究多数是指短时间的重大事件的研究。这方面的客家议题不少,例如罗芳伯的兰芳公司和大港公司的事件,刘善邦夜袭拉者或石隆门事件,又或者是盛明利遇袭身故的战事。这些事情过程激烈。有些事件如黑暗中的磷光发亮、熄灭、再亮,但没有真正的光明进一步划破黑夜,"事件"的意义在于此。

研究东南亚客家华人的历史,年鉴学派的社会经济史所提不同历史时段的理解方式,值得进一步思考其可用性。有些客家议题的理解需要放在一个更整体的、文化与社会内部相互关联的历史中来理解。社会时间所处理的社会史,正如大海中较深层的潜流,要长时间观察才能察觉。不仅是这样,它经常还是事件史的底层结构。此种时间和我们熟悉的编年史、传统历史,逐日计算的节奏无关,它关心的毋宁是步调非常缓慢的各种文明历史,文明结构与布局的发展。当我们重视深层潜流时,往往会忽略个别的、稍纵即逝的短暂事件。社会经济史的时间观,布罗代尔将其归为中时段(conjuncture),重过去也重现在。例如,采用10

年、20年、50年的时段为分析的长度,来探讨客家议题。例如,拉律战争、浮罗山背客家文化的发展、山口洋客家的境外婚姻等,都应该放在这么长的时局中来思考,才能理解其社会结构的影响。不过社会史的发展,往往也不能自外于地理时间。

关于更长,更结构的时间,布罗代尔将其归为地理时间,所指的是人与环境之历史(变化可能十分缓慢),也许可以想象成是深层的地理结构,如海沟,它决定或影响了深层的水流、海潮潜流。此种文明史所掌握的是变得比前述两者更缓慢,但其影响更根本的因素。所观察的时间观可能是跨越世纪的长时段,是社会结构的、地理结构的、长期的人类文明发展的底层。个体的能动性、历史的时间在这里忽然隐藏了,而出现了结构的、无意识的历史,个人的意志似乎不再起作用。正如典型的(结构)社会学思考,社会结构虽然由个体的能动性所构成,但却不受个体的意志所决定。

(四)历史时段和议题观点

时间的考量并非只为了排序,更重要的是研究的观点。在这个议题的关心上,社会学和历史是合作伙伴。问题意识决定了考察时间的长短,也可以说时间观点决定了问题意识,或说时间、观点和议题是彼此相互决定的。一个议题如果要“掌握到社会结构的整体性,以及社会变迁的中长期的历史结构之连贯性与持续性”,那么社会、经济、政治各领域不一定能分割处理,学科上更无法区别社会学或史学。

就时段的差异而论,无所谓好坏,重点在于是否有助于客家议题的理解。关于不同时段的了解,先说说与事件的意义。在某个脉络中一个特别事件的发生,会在一个时间之内强化其意义,不过该事件有时只是美丽的泡沫。以个人的单次田野访查经验为例,在马来西亚文丁客家村面临拆除时,一群客家人或团体积极建立客家文物馆。就访查所得,他们具有非常清晰的客家文化保存理念,足以使我做成以下的结论:东南亚客家族群积极保护客家文化或客家村。不过对该个案后来没有持续追踪,未能理解是否持续展现这一层意义,根据短期现象做出的结论有一定的限制。不过如果将此一事件视为长期结构中的一部分,观察与考察的时段不同,其定位也不同,运用的田野方法与所掌握的资料也会有所不同。

短期单次搜集资料,也许可以获得某一事件的观察;长期、多次的拜访可进行某个时局范围的客家文化观察;更长期更多次,甚至累积其他学者的跨域研究、政府资料等,可作为长期的,结构性的考察。"东南亚客家华人"作为一个分析单位,需要有宏观与长时段的观点与资料,这样的目标已经牵涉到学术领域间的科际合作之必要性,这其实也是客家研究内存的特质。客家研究,特别是像东南亚客家华人研究这样的议题,本身就应该是一个跨域整合的知识体系。特别是从长时段与大结构的角度来理解客家华人的社会行动与表现,虽然东南亚各国之间对于华人的政策有所不同。不过,不论是地理气候的差异或者是国家政策上的不同,从所处的世界体系政治经济结构来看,东南亚客家华人仍有其分享的共同特质,甚或共同命运。

四、砂拉越刘善邦个案分析

张维安、张翰璧、黄子坚的《谁需要刘善邦》一文,讨论刘善邦事件究竟是叛变、民族英雄之举或独立政治实体间的战争。[①] 这三个可能性牵涉到三种证据的运用,从怀疑是否有刘善邦其人,到刘善邦成为民族英雄,挑战着(多次)田野调查与耆老访谈方法的极限。

(一)寻找刘善邦?

首先,当地学者对于"历史上究竟有没有刘善邦这个人"提出疑问。"在经历文海检索后,查无此人……故而秉史直言刘善邦其人其事的历

① 张维安、张翰璧、黄子坚:《谁需要刘善邦?砂拉越石隆门帽山客家共和国的重建》,张翰璧、杨昊编:《进步与正义的时代:萧新煌教授与亚洲的新台湾》,高雄:巨流图书公司,2019年,第249-267页。

史建构有其缺失问题存在其中。”① 历史上有没有刘善邦成为主要的关心对象，证有或证无都需要有严谨的研究方法。证无的方式主要是通过按照学术研究的方法与程序，合理的应该出现的记载，例如通过中外报刊、传教士的记载、官方记录、该事件的特别报道来查此类资料。依照目前学者的查访，是“查无刘善邦”。方法论上在于通过学术界一般会使用的材料，来证明历史上存在或不存在某一件事情，也有一定的限制。因为无法确保未来不会发现新的证据，另外一种情形是相关历史证据被有意的移除了，如此，“查无证据”反而证明了该事件的意义。

古晋的学者李海丰提到：“1957 年 2 月 20 日华工占领古晋后，在市议会（砂拉越旧法庭大钟楼）召开政治会议，当时被华工召见者有主教麦多鹅（Francis Thomas Mcdougall）、鲁必休姆斯（Helms Lidvig）、英商鲁伯尔（Datuk Bandar）。麦多鹅只记录华工首领坐在布洛克那张大靠背椅上，向他们解说起义原委及发布新的行政命令。然麦多鹅主教并未说明此华工首领为何方神圣。在接下来的时间里，主教有多次机会与华工首领会谈，但在事后主教书写文章时，竟然完全没有提到刘善邦的名字。”②

这段文字说明华工攻进古晋后，确实曾经召集一些人，并发布新行政命令，但没有提到“华工首领刘善邦”这样的用词。这样还不够，必须有其他的佐证资料，例如还要查证在其他的书信中，甚至是私人的家书，也一样没有出现刘善邦的名字：“据了解，直接史料尤其是布洛克日记、书信，布洛克所记录的事件有着极高的可信度，因为布洛克将许多在砂发生的事件，详实地报告给母亲、妹妹、好友等知晓，以正常情理分析，他实在没有必要对这些亲近的人说谎”。③ 尤其重要的是考察有权威的学者意见，例如西方学者 Walker 指出：“根据我所知道的，在外国文献中，是找不到刘善邦这个历史人物的！”④ 当地学术工作，一方面考察

① 李海丰：《寻找刘善邦》，诗巫：砂拉越华人学术研究会，2011 年，第 34-35 页。

② 李海丰：《寻找刘善邦》，第 94 页。

③ 李海丰：《寻找刘善邦》，第 82 页。

④ 李海丰：《寻找刘善邦》，第 86 页。

过去学者论说证据、庙宇历史、历史遗迹，另一方面进入当时布洛克政权与传教士、新闻的资料中进行比对。由于在这些资料中，都没有刘善邦相关的记载。民间的传说和学术资料之间存在一个相当震撼的落差，因而有“寻找刘善邦”的议题。

（二）刘善邦与帽山客家共和国

民间的传说经常成为媒体报道的材料，媒体报道又常成为是民间传说采用的证据。笔者在西马访查仙师爷信仰的研究过程中，发现许多庙宇都用报纸的报道作为该庙的历史根据即是一例。台湾的客家电视台，对于在石隆门的“十二公司”，曾经报道过一个谜样般的客家传说：“在公元1830年，广东客家人刘善邦建立一个具有政治体制的‘客家共和国’，后为保乡卫国起义而亡国，后世子孙建庙祭祀他。”①记者引用刘伯奎在《19世纪砂劳越华工公司兴亡史》中的说法：“1830年，砂劳越华人因不满文莱王国砂劳越总督马可达长期压榨，而与其他异族群起推翻了马可达，而后在陆丰客家人刘善邦带领下，在石隆门建立了帽山‘客家共和国’或称帽山‘十二公司’，由刘善邦担任总理一职。当时，刘善邦自定律法、发行货币。先民们走过了一段自给自足的自治年代。石隆门耆老杨永盛说，小时外祖父母曾经提起‘客家共和国’总理刘善邦的行政总部就设在石隆门。”②1857年前，在附近居住了好几年的丹麦商人Ludvig Helms，曾记述华人远在布洛克到来前，即已在石隆门生活。而且甚至在1841年之后，“华人一直都在管理本身，推选自己的行政官员，颁布死刑，一言以蔽之，他们是独立于拉者政府之外的”③。相对白人拉者的政权，十二公司原本就是一个独立的自治体。当时许多华人的矿业“公司”都具有这样的性质，在坤甸的兰芳公司因此被形容为具有共和国的气质。相对于罗芳伯的“兰芳共和国”，刘善邦的十二公司在民间

---

① 李一凡采访：《沙捞越客踪（二）》，《客家新闻杂志》第88集，台北：客家电视台，2008年。

② 李一凡采访：《沙捞越客踪（二）》。

③ ［美］Craiy Lockard：《1857年后砂拉越华工叛变：一个新的评价》，蔡增聪译，蔡增聪主编：《砂拉越华人研究译文集》，古晋：砂拉越华族文化协会，2003年，第59-60页。

的传说中则是“帽山(客家)共和国”。

客家电视台记者采访的当地居民钟德勇指出:“刘善邦在攻打古晋皇宫后回石隆门的路上,遭布洛克王部队埋伏歼灭。连带数以千计的十二公司‘客家共和国’老弱妇孺,也受番兵追杀。最后仅有少数人成功逃往印度尼西亚南加里曼丹。此一客家王朝短短不到30年惨遭灭亡。石隆门久久不散的千人冢尸臭,当地土人称之为‘BAU’(土话腐臭之意),后来成为砂拉越非华人对石隆门的地名称谓。”① 这些事件的故事传达了19世纪50年代砂拉越石隆门广东客家人刘善邦曾经建立“帽山客家共和国”的背景,甚至于提出该事件与当地地名的关联性。

从“帽山客家共和国”的传说、华工起义抵抗殖民政权的史脉络,以及刘善邦在砂拉越被列为民族英雄的现象来看,“帽山共和国”虽然遭到歼灭,却仍留给华人一段骄傲的历史。媒体报道也是引经据典,其中有国外学者的见解,也有对地方耆老的访谈。由于历史资料不容易搜集,媒体资料、民间耆老的口述内容经常被学术研究引述,甚至被当作证据。在田野访查方法中,所得资料如何被使用便成为一个重要的艺术。有时候需要跳开“证有或证无”历史上某一件事情的思考。媒体或田野访谈所得,不一定当作实证论式的“经验证据”。也许历史上没有这个人,也许真的只是传说,不过当代社会中人们传以为真,把它当作社区里面的重要故事,甚至是社区的荣耀。如此,传说的意义就不再只是历史上的真实与否,而是传说、故事对当代人及其对社区的意义与价值。“曾参杀人”的故事的启发是,传说的影响不在于证实它是否为真,而在于理解它发生什么效果,如何发生。因此就衍生了下面的议题:谁需要刘善邦。

(三)谁需要刘善邦

证据,不论是哪一种证据在这个分析中都有它的重要性。历史现场、坟墓、战场、纪念碑,或者是媒体的报道和耆老的回忆,都有它的价值。

---

① 李一凡采访:《沙捞越客踪(二)》。

关于刘善邦其人其事的历史建构，相当程度是根据地方学者、耆老的传说、当地若干历史遗迹（如旗杆夹、庙宇）和一些民间的传说，如托梦的故事为基础。加上“刘伯奎对于郑八和历史叙述中关于‘刘善邦其人’，采取全盘相信及引用的态度。对于‘刘善邦其事’，包括死亡葬身的地点、升格为神祇的说法，则是采取‘直接记叙’的手法，保留了民间口传史料”[①]。地方传说、文史论述，直接支配着当地华族世界的想法。虽然也有若干华族学者仍坚持，有证据才能有说法的态度。

不论西方殖民者的日记中是否记载刘善邦，不管华裔学者对刘善邦的记载是否“道听途说”，当地一些民间的行动者不只是信以为真，更是进一步地将刘善邦的历史加以活化与创生。相对于砂华学者或西方学者，在日常的生活世界中，他们通过刘善邦的故事，来做一些他想要做的事，特别那些呼吁团结华人、重视华族的权益之政党，更需要刘善邦的故事。他们在生活世界中推广刘善邦的故事。他们在社区里建构刘善邦的历史，甚至创设历史现场。

根据李海丰[②]的分析以及我们的田野访查，地方人士通过建纪念碑、纪念碑文、建庙、修建坟墓、旗杆夹八角亭，以及参访解说活动等，“做”出、甚至创造出刘善邦和他的妹妹刘珍珍的信仰。这一点对于依靠田野观察和访谈做研究的学者存在着相当大的挑战。笔者亲身经历过这样的过程，在多次的田野调查过程中，发现纪念碑的“诞生”。新的纪念碑碑文的出现、新的庙宇、庙宇历史的叙述、祭祀神位数量的增加，甚至是刘善邦坟墓的塑形，民间似乎未加以怀疑的倾向于想象那个坟型的土堆里就是埋葬着刘善邦。刘珍珍的故事和仙姑亭也是一样。庙中的历史叙述、纪念碑的碑文，通常成为田野访查资料的来源。认真看起来就会发现，建庙的历史和碑文的内容都是近几年来才写的，后面隐藏着重建华族作为砂拉越民族英雄的企图，甚至是用来累积个人的政治资本。为此，不只是想方设法肯定刘善邦对地方的贡献，更积极的要建立“刘善

---

① 李海丰:《寻找刘善邦》,第 42 页。

② 李海丰:《寻找刘善邦》,第 36 页。

邦博物院”,以表扬其作为砂拉越民族英雄的历史事迹。

五、结语

就刘善邦的议题而论,看起来这是一个历史事实的考察,通过在地的各种记载、报道乃至于传教士的日志,无法找到刘善邦具体的身份。不过我们在一次又一次的“历史现场”中,却看到刘善邦的纪念碑、庙宇、起义的旗杆,甚至马来西亚国家博物馆里面的英雄纪念展示——刘善邦塑像,其中充满了亟待解开的谜题。前述三个转折或者说是三个史观,从查无刘善邦的证据,到作为地方的故事与传说的传播与建构,再到公共人物的参与和政府资源的介入,刘善邦和帽山共和国的故事,已经不是历史资料“考证”的问题,它是当代社会的问题,是一个社会学的问题。这个议题需要放在地球仪上面来分析。华人处在东南亚在地和西方势力的漩涡里面,这不再单纯的只是中国移民的议题。“东南亚”与“南洋”的意义除了名称不同之外,后面的世界观与全球化所引发的政治经济学意义也有相当大的差异。这是我们从长时段的观点看待这个问题的时候需要具备的敏感度。

虽然我们把它放在客家华人的条目下,但是一直以来,其所属客家的身份并没有被凸显,华人与世界各地的移民遭逢,在东南亚“华人”(早期多数用“中国人”一词)因所来自的国家,相对于其他国家的移民(如印度人、印度尼西亚人)而成为一个分析类属。刘善邦在这里先是作为对应于其他国家的移民而存在,称为华人,再次才是相对于中国其他地区的移民,称为客家(在海外称为客家华人)。其客家的身份并不是从他的语言或客家认同来决定,而是从其在中国的原乡是否为一个客庄的事实来定义。此处,刘善邦作为“东南亚客家华人”被分析,具有多层的意义。

不同的时间长度,看到不同的历史意义。短时间内,刘善邦的“起义”可能被视为“叛变”;从长时段来看,刘善邦可能被视为砂拉越的民族英雄。时段的长短并不意味着只是“时间”的长短,长时段的时间观可探究更底层的结构逻辑。在民族主义的世界潮流之下，历史诠释权的转移，传说中的刘善邦铜像，最终出现在砂拉越博物馆附近的纪念碑上。从寻找刘善邦，到谁需要刘善邦的问题意识，可以很清楚地看到这个问题的时代性，它对在地华人从政者，华人在地生活的正当性，或者作为团结华人的选票，具有一定程度的重要性。

东南客家华人研究，是一个重要而复杂的议题，历史问题会变成当代政治经济学的问题，甚至是族群问题。不过，不论问题意识如何转变，都需要同时兼具经验性和证据性的探索，以及意义性诠释性的理解。诠释不能脱离证据，但会随着问题意识或理论典范而转变。

个 案

槟城作为商业中心

——贸易与船运网络

卢慧玲
（马来亚大学历史系）

绪论

置槟城位于“商业中心”，需考虑其特殊的地理位置，而最顺理成章的是槟城的汇水盆地——槟城的海岸。第一项要论及的是，槟城是东南亚区域，尤其是北部沿海次区域中的港口城市。其次，这篇文章锁定“侨生华人”（Peranakan Chinese）为研究对象，探讨他们在殖民和独立前时期的贸易和船运网络。这项研究将他们的活动置于放大镜下检视，以了解他们与东南亚其他区域的网络。当将这些区域的网络同时纳入考量时，槟城作为一个首要港口的地位就显而易见了。

一、槟城作为殖民地的港口城市

1786年，英国东印度公司（East India Company）取得槟城后，槟城方成为殖民港口城市。北部沿海区域之前的港口有哪些？ Reeves、Broeze McPherson 提供了一些线索，他们强调港口城市不止是“凑巧发生在沿海城市”，也是导向海洋的经济群，我们应该把疑问置放在贸易的语境下进行探索。

从史前到第一世纪，东西方和亚洲内部的贸易研究成果丰硕[①]，

① Wang Gungwu, "The Nanhai Trade: A Study of the Early History of Chinese Trade in the South China Sea", *JMBRAS* 31/2, 1985; Ray, Himanshu Prabha, "Early Maritime Contacts between South andSoutheast Asia", *JSEAS* 20/1, 1989.

但并非近代学界所谈的近世(Early Modern)的"商业时期"(Age of Commerce)①。近年有令人着迷的观点,探索了'东南亚早期的商业(900—1300)(An Early Age of Commerce in Southeast Asia, 900-1300 CE)。②

往前溯, Pierre-Yves Manguin 已触碰 15 世纪之前(例如公元前 500—1500 年)古代世界的经济繁荣盛景。值得关注的是,他谈论"其他'商业时代',当时亚洲内部之间的频密贸易有明显的增长……(这)催化东南亚沿海聚落的发展"。他的论点便建立碑铭资料上。5 世纪以来的外国资料已记载这个区域,尤其是中文的记录。Manguin 提及的其他"商业时代"包括"进入基督纪元后,亚洲与罗马贸易达顶峰",从 5—7 世纪,及从 10—13 世纪,和 Wade 的 900—1300 年同时期。③

另一篇谈论古时候贸易的论文是 Karl Polyani 的《早期社会的港口贸易》(*Ports of Trade in Early Societies*)。他以证据论证:"甚至在公元前 2 世纪……较后……在印度洋的马拉巴(Malabar)海岸、马德拉斯(Madras)、加尔各答(Calcutta)、仰光(Rangoon)、缅甸、巴达维亚(Batavia),甚至于在中国。此而,我们发现港口贸易是普遍性的海外贸

---

① Reid, Anthony, *Southeast Asia in the Age of Commerce*, 2 vols., New Haven: Yale University Press, 1988, p. 93.

② Wade 注明,考古学家 John Miksic 使用这个词,鲜明地描述蓬勃的贸易活动给东南亚所带来的影响。他多参考商团(来自东方,闽南商人前往印度时路经东南亚;来自西方,阿拉伯、波斯和淡米尔商人)前往港口时经过这区域,这些讨论以 11 世纪为始,相关著作有 B. L. K. So, *Prosperity, Region, and Institutions in Maritime China: The South Fukien Pattern*, Cambridge, Mass.: Harvard University Press, 2000、H. R. Clark, *Community, Trade and Networks: Southern Fujian Province from the Third to the Thirteenth Century*, Cambridge: Cambridge University, 1991、James Chin Kong, "Merchants and Other Sojourners: The Hokkiens Overseas, 1570-1760", PhD thesis, University of Hong Kong, 1998、G. R. Tibbetts, *A Study of the Arabic Texts Containing Material on South-East Asia*, London and Leiden: Royal Asiatic Society, 1979 和 Claudine Salmon, "Srivijaya, la Chine et les marchands chinois (Xe-XIIes.)", *Archipel*, 2002。Geoff Wade, "An Early Age of Commerce in Southeast Asia, 900-1300 CE", *JSEAS 40/2*, 2009.

③ Pierre-Yves Manguin, "City-States and City-State Cultures in Pre-15th Century Southeast Asia", in Mogens Herman Hansen (ed.), *A Comparative Study of Thirty City-State Cultures: An Investigation Conducted by the Copenhagen Polis Centre*, Copenhagen: Historisk-filosofiske Skrifter [The Royal DanishAcademy of Sciences and Letters], 2000, p. 408.

易制度,先于国际市场的建立"①。Polyani 表示,"贸易港口"倾向所指"海岸港口",明确表明其最重要功能,即"多数这些港口是依靠海外贸易"。② 这与 Manguin 之"海港城市(Harbor)"多有相同之处。Manguin 检视这些东南亚海岛的海港群,开放与商人做长距离的贸易。③Polyani 和 Manguin 讨论的港口贸易和海港城市政市各异,但基本的特质就是海上贸易。

值得注意的是东南亚北部沿海的海港群,Paul Wheatley 的经典专著确认了东南亚和马来半岛在公元前后的重要港口群,如哥罗(Kalah)、拘利(Takola)、狠牙修和吉打。国外史料对这些港口都有记载。④⑤ 第一世纪,人们偏爱通过泰国地峡横越大陆,这促使该区域的发展。⑥ 在英国人在 1786 年占领槟城之前,槟城原是吉打,即最古老马来州属的一部分。因此,将吉打认定为港口群也是合理的。公元第一个千禧年始,吉打港口群已在马六甲海峡北面呈现海洋贸易的情景。考古学家 S. J. Allen 在

① Karl Polyani,"Ports of Trade in Early Societies", *Journal of Economic History*, 1963, pp. 30–31.

② Karl Polyani,"Ports of Trade in Early Societies", p38.

③ Pierre-Yves Manguin,"The Amorphous Nature of Coastal Polities in Insular Southeast Asia:. Restricted Centres, Extended Peripheries", *Moussons*, 2002, p. 74.

④ Wheatley 认为 Kalah 是在德林达依(Tenasserim)沿海的墨吉(Mergui),而非吉打,一些学者对这观点存疑(Paul Wheatley, *The Golden Khersonese*: *Studies in the Historical Geography of the Malay Peninsula before AD 1500*, Kuala Lumpur: University of Malaya Press, 1961, p. p. 216–224)。至于 Takola,他引用克罗狄斯·托勒密(Alexandrian Greek Claudius Ptolemy)在 2 世纪中叶所著的《地理学》(*Geographike Huphegesis* 或 *Guide to Geography*)中认为,Takola 是在马来半岛的一个港口。Wheatley 提出,它可能是位于董里(Trong)附近(Paul Wheatley, *The Golden Khersonese*: *Studies in the Historical Geography of the Malay Peninsula before AD 1500*, Kuala Lumpur: University of Malaya Press, 1961, p. 272)。狠牙修则是另一个 5—14 世纪的政治港口,坐落在当代的北大年(Patani),相关记录可见于《吉打纪年》(*Kedah Annals*, 或 *Hikayat Merong Mahawangsa*),后 1450 年,甚至到 1800 年。(S. Jane Allen,"History, Archaeology, and the Question of Foreign Control in Early Historic Period, Peninsular Malaysia", *International Journal of Historical Archaeology*, 1998, p. 267)

⑤ Paul Wheatley, *The Golden Khersonese*: *Studies in the Historical Geography of the Malay Peninsula before AD 1500*, Kuala Lumpur: University of Malaya Press, 1961, p. 326.

⑥ Manguin 注明:"O. W. Wolters 已经阐明第四至七世纪在马六甲海峡区域的政治发展,是回应印度洋在全球的商业网络。"(Pierre-Yves Manguin,"The Amorphous Nature of Coastal Polities in Insular Southeast Asia: Restricted Centres, Extended Peripheries", p. 88)。

研究300—1500年沿海的马来州属后发现:

> 历史文献显示,在4世纪之后,马来亚(过去称为马来半岛)沿海州属,经常以森林物品和奢侈品,进行区域内和区域外的贸易。进行贸易的地区有扶南、爪哇以及其他东南亚国家,遥远的地区如中国,琉球、印度和中东。[①]

随后,海洋帝国室利佛逝(Sriwijaya, 7—11世纪)的崛起带动马六甲海峡海路的发展。安全的保障、各样的货品和设施,鼓励和吸引商人的到来。Oliver Wolter评论,室利佛逝对亚洲的海洋贸易扩展"作用不小","给商人提供充裕的港口设施,以使他们能进行中东与中国之间的远航"。[②] 同样的叙述,也适用于15世纪的马六甲,其在东南亚显著的地位。

讨论前殖民时期的贸易和城市港口,使我们能将目光转向东南亚区域之间贸易发展的持续性,很大程度上受到外力的驱使而形成有利成长的环境,这促使了大亚洲区域在商业时期贸易蓬勃发展。因此,在1786年槟城崛起成为港口城市之前,吉打港口已是殖民港口的前导。这归功于其马六甲海峡贸易线上的策略性位置,更不必说由当地政府所提供的各种设施,吸引了各类的访客——商人、形形色色旅客、传教士和朝圣者前来考察和探险。

港口城市具诸多功能,除了是全球层次的交换中心,它替主要的海洋航线服务(尤其在19世纪西方工业的主要航线港口)。另一个层次就是区域性功能,即海运枢纽(扮演更大港口的支流角色。以槟城为例,它是19世纪海峡殖民地的一个港口)。这里将会提供一些论证,证明槟城在东南亚分区的卓越地位,以及在北部沿海所扮演的角色。

---

① S. Jane Allen, "History, Archaeology, and the Question of Foreign Control in Early Historic Period, Peninsular Malaysia", *International Journal of Historical Archaeology*, 1998, p. 261.

② Oliver Wolters, *The Fall of Srivijaya in Malay History*, Kuala Lumpur: Oxford University Press, 1970, p. 1.

二、19世纪区域性网络

19世纪的"帝国时代(Age of Empire)",与其共存的"工业时期(Industrial Age)"是现代世纪经济快速发展的体现。这无疑地这将世界很多地方结合到世界贸易系统而成为一体。近来的研究有论及这段时期亚洲内部和区域贸易,认为一些是自主贸易,与西方的商业无关。[①]虽然这些论述往往由西方主导的聚焦于格外引人注目的国际层面的史学论调所掩盖,但在这里将被探讨。

虽然过去东南亚与外面的世界(中国、印度,甚至更远的,如阿拉伯、波斯、日本和其他地区)的交流已广为人知,且见于史料,但已故史学家Denys Lombard提醒大家,过去前现代(Pre-Modern)和前殖民(Pre-Colonial)时期,"这个区域国与国的联系"非常少被探讨。[②]Lombard感叹,东南亚整合史非常缺乏,我们应"将东南亚视为地中海",如同布罗代尔(Fernand Braudel)的模式。这区域是一个经济整体,尽管它具有政治、经济和文化的差异。[③]Lombard在最后部分认为,贸易和其他互动方式缔造的网络和接触是未来具有价值的研究。因此,尤其对东南亚岛屿的研究,研究者关注生意网络的演变,最好是在这区域语境中体察它们的形成。有鉴于此,将东南亚群岛视为地中海,即东南亚贸易圈的交易进行是不受外来影响的区域,这也是无可厚非的。与此同时,东南亚的轨迹也是由外力所塑造的。

在以槟城侨生华人为主要论述的著作中,黄裕端的博士学位论文关联性强。他检视"五大福建家族",以地方商贾的区域性商业网络修正既有的论述,而不是认为他们"在槟城转变进入更大的商业扮演不可或缺的角色"[④],开创性地研究殖民地城市港口的区域商业网络。殖民港

---

① Kaoru Sugihara, 'Patterns of Asia's Integration into the World Economy', in C. K. Harley (ed.), *Integration of the World Economy*, Cheltenham: Edward Elgar, 1996.

② Denys Lombard, "Networks and Synchronisms in Southeast Asian History", *JSEAS*, 1995, p. 10.

③ Fernand Braudel, *Civilisation and Capitalism, 15th-18th Century*, 3 vols., New York: Harper and Row, 1982, p Ⅲ: 22.

④ Wong Yee Tuan, "The Rise and Fall of the Big Five", PhD thesis, Australian National University, Canberra, 2007, p. 2.

口研究先驱者、地理学家 Rhoads Murphey 告诉我们，本地的商人和他们内在的网络仍是每个港口商业活动最基本的要素，并在数量上占主导地位。这本身就展现相当程度的连续性，可追溯至达伽马之后的两个世纪或更长的时间。[①] 再者，Wong 挑战早年学者认为，槟城的角色在 1819 年新加坡崛起后就式微了。他主张，新加坡的蓬勃发展，改善了周边的经济环境。如槟城就从中受惠，与亚齐、佩迪海岸（Pedir Coast）、攀牙（Pungah）、毛淡棉（Moulmein）和勃固（Pegu）的贸易持续，导致从 1819—1840 年以及之后的盛景。[②]

举例说明，比较 1843 年和 1844 年本地及横帆船只，槟城（744 艘和 60 艘抵达，994 艘和 61 艘出发）与新加坡（200～300 艘和少于 13 艘），槟城保持优势。十年后，槟城的数据更优于新加坡。[③] 如前述 Wong 的述贸易和港口船运的论述，五大福建家族不能忽视槟城华人（土生侨生视为亚分支）与区域贸易网络；延续至 20 世纪，槟城持续是区域性，甚于地方港口。一位英国旅行家记录槟城华人的在 1874 年的贸易，阐明其区域性的商业活动：

> 为了传达一些关于他们有用之处的概念，我只需说，他们都可以制造任何欧洲人需要的东西；在贸易上，他们是不可或缺的。因为他们几乎在所有我们运载货物的岛上建立了联系。他们的代理人住在苏门答腊、婆罗洲和印度支那大陆，以物物交换的方式从土著那里收集货物。他们和代理人之间经常有社会与商业的关系。于是，很多商品都是透过华人中间商，从槟城运往英国和其他国家。[④]

---

① Rhoads Murphey, "On the Evolution of the Port City", in Frank Broeze (ed.), *Brides of the Sea: Port Cities of Asia from the Sixteenth to Twentieth Centuries*, Kensington: New South, 1989, p. 242.

② Khoo Kay Kim, *Malay Society: Transformation and Démocratisation*, Petaling Jaya: Pelanduk, 1991; Cowan D., "Early Penang and the Rise of Singapore, 1805-1832", *JMBRAS*, 1950; Wong Lin Ken, *The Trade of Singapore, 1819-69*, Singapore: Malayan Branch, Royal Asiatic Society, 1961.

③ Wong Yee Tuan, *The Rise and Fall of the Big Five*, PhD thesis, Canberra: Australian National University, 2007.

④ Wong Lin Ken, "Singapore: Its Growth as an Entrepot Port, 1819-1941", *JSEAS* 9/1, 1978, p. 59.

英国推动槟城取代吉打港口的努力，以同样的方式进行前殖民时期的贸易，无疑地促进了槟城在这次区域的重要性（如表1所示）。从东南亚各地的进口商品反映了槟城是这个次区域的产品出口处；槟城出口商品揭示槟城是次区域的消费和生产的通口功能。在槟城与北部海岸之间，从北部的阿恰布［Akyab 现为实兑（Sittwe）］、仰光、毛淡棉（Moulmein）、丹老（Mergui）和丹那沙林（Tenasserim）到南边的拉廊府（Ranong）、竹古巴（Takuapa）、普吉、亚齐和棉兰的双向的流量印证这个次区域的亚洲内之间和区域之间的贸易和船运的面向（如表2所示）。

表1　前殖民时期的区域网络：选择的产品和目的地

区域性网络	产品和目的地
印度海洋东边（孟加拉湾）	勃固（Pegu）和丹那沙林（Tenasserim）的米，从南印度到八昔（Pasai）及其后继的邦国，亚齐 [1] 印度纺织品、糖和肥皂，购买普吉的锡 [2] 1670年代至18世纪，从吉打出口大象，黑胡椒和钖米，到科罗曼德尔海岸（Coromandel Coast）[3] 17世纪末，从亚齐运钖、铜和糖到马德拉斯（Madras） 17世纪末，从孟加拉输入米、纺织品和奴隶换取亚齐樟脑、安息香、达马树脂、蜡和胡椒。
马六甲海峡	爪哇、暹罗和柏固的米，到马六甲 [1] 普吉的锡到亚齐 [2]；1772年到吉打 [3] 佩迪（Pedir）的胡椒和槟榔，1771年从北苏门答腊到吉打 [3]
南中国海	柬埔寨的米到北大年 [1] 普吉的锡到日本和中国 [2] 1704年，中国带白铜，以购买吉打的蜡、象牙和锡 [3] 1680年，日本铜制品至大城（Ayudha） 18世纪早期，印度的鸦片和纺织，以从廖内（Riau）获得锡和胡椒，再运往中国

备注：区域性网络取自 Kenneth R.Hall，"Local and International Traders in the Straits of Melaka Region: 600–1500"，*Journal of the Economic and Social History of the Orient*, 47/2, 2004, p.219。

资料来源：

1. Anthony Reid "Economic and Social Change, c.1400–1800", in Nicholas Tarling (ed.), *Cambridge History of Southeast Asia*, Vol.I, Cambridge: Cambridge University Press, 1992, pp.471–472.
2. Dhirivat na Pombejra, "Towards an Autonomous History of Seventeenth-Century Phuket", in Abu Talib Ahmad and Tan Liok Ee (eds.), *New Terrains in Southeast Asian History*, Singapore and Athens: Singapore University Press and Ohio University Press, 2003, p.208.
3. David Kenneth Bassett, "British 'Country' Trade and Local Trade Networks in the Thai and Malay States, c.1680–1770", *Modern Asian Studies*, 23/4, 1989, pp.626–629, 642–643.

表 2　槟城贸易的地理分布(1841—1914)

年份	东南亚		南亚和东亚		西方		其他	
	进口占比 /%	出口占比 /%	进口占比 /%	出口占比 /%	进口占比 /%	出口占比 /%	进口占比 /%	出口占比 /%
1841	41.22	38.66	45.0	45.75	13.79	17.25	0.00	2.33
1851	54.13	50.15	24.40	24.0	19.99	25.47	1.48	0.38
1868	63.17	54.75	17.27	13.49	8.57	26.87	11.00	4.90
1878	47.61	66.38	21.44	7.52	30.60	26.07	0.34	0.03
1888	51.91	55.53	30.54	17.26	17.07	27.06	0.48	0.15
1898	52.51	51.23	30.52	18.06	16.17	30.67	0.90	0.04
1908	72.70	58.53	15.67	14.28	11.02	27.02	0.52	0.17
1914	69.62	36.92	17.51155	9.77	1.151.82	52.58	1.01	0.73

资料来源:海峡殖民地蓝皮书。

从另一角度看,以槟城为例,当英国接管槟城后,已在这区域活动的华人涌入,这显示区域间的流动有着强化经济活动的必然性。溯往一瞥,1788 年 12 月,这里已有 405 位华人居民。值得关注的是,当时已有来自马来半岛的华人住户:吉打(Queda, 47 户)、马六甲(Malacca, 6 户)、玻璃市(Perlis, 1 户)、霹雳(Perak, 1 户);泰国的有北大年(Pattani, 7 户)和宋卡(Singora,现在 Songkla, 21 户);中国广东应是启程港口,当时约有 15 户。①

碑文资料也证实早期槟城华人移民与这区域的联结。例如,“在槟城所知最早的文物”② 丹绒道光大伯公庙于 1792 年的香炉,捐赠者是马六甲的李赐。此外,最明显的是创立于 1800 年的椰脚街观音亭,全槟最古老的庙宇。在 450 名乐捐者中,同时位居榜首的是‘吴甲必丹’(宋卡总督),乐捐 200;“蔡甲必丹”(马六甲),捐献 170。③

20 世纪 30 年代,贸易委员会(Trade Commission)在海峡殖民地成立,以应对经济大萧条的阵痛。委员会形容海峡港口:

---

① 依据一手档案,即海峡殖民地记录(Straits Settlements)的拼音。Fort William Consultation, 10 April 1789, Appendix to Consultation, A List of Chinese Inhabitants Residing in George Town Prince of Wales Island, December 1788.

② Franke, Wolfgang, Chen Tieh Fan (eds.), *Chinese Epigraphic Materials in Malaysia*, Kuala Lumpur: University of Malaya, 1985, p. 517.

③ Franke, Wolfgang, Chen Tieh Fan (eds.), *Chinese Epigraphic Materials in Malaysia*, p. 530。

> 新加坡仍然是马来半岛和马来群岛,包括婆罗洲和中苏门答腊,天然资源的汇集和分配中心。槟城同样是一个区域的天然资源集汇集中心,包括苏门答腊的东岸和北岸,西岸远至巴东,马来州属北部和暹罗南部。①

Braudle在《15至18世纪的物质文明、经济和资本主义》(*Civilization and Capitalism, 15th-18th Century*)(三卷本)之第二卷《形形色色的交换》(*The Wheels of Commerce*)中提出,贸易的想象和市场网络类似电路,当商人之间相互合作时,贸易电路就会产生。那就是:

> 任何商业网络,就是能聚集一定数量的个人或代理,无论他们是属于同一家公司与否,都位于一条或一组商业贸易路线的不同点。交流、合作和联系使商业蒸蒸日上,当事者自然收割昌盛的花朵。②

操作的方式包括各合作机构间的沟通、合作和联结。③套用在槟城研究,经济面向是指商人参与特定的商业领域。空间方面指特定的地点,即槟城周遭的港口和城市;社会联系则是具变异性,如家族、族群或其他类型的联系(如不会社会组织中的会员)。Daw Win在她的文章中论述缅甸商人寻求娶槟城侨生为妻。除了特殊时期外,这些特定的联结将影响企业结盟。就后者而言,结盟对19世纪殖民地的饷码生意非常有利。检视因鸦片饷码的竞标和其他运作模式所组成的企业联合组织显示,既有的东南亚企业联盟更具广泛的地理覆盖范围。

张弼士的区域网络就是不同商业关系结合的例子。他跨地域的生意网络使他被誉为"早期最重要的客家资本家"。④他是著名的南洋官

---

① Report of the Commission appointed by His Excellency the Governor of the Straits Settlements to Enquire into and Report on the Trade of the Colony, 1933-1934, Vols 5, pp. I:48-49.

② Fernand Braudel, *Civilisation and Capitalism, 15th-18th Century*, 3 vols. , New York: Harper and Row, 1982, p. Ⅱ:134.

③ 作者从社会学科之经济学、管理学和社会科解析"生意"之意。生意网络置于国际公司关系下进行检视,它们如何联系与连结。这些公司占优势的基础是"以亲属和地域性扎根的地方组织",以及人际关系的网络。

④ Michael R. Godley, "Thio Thiau Siat's Network", in John Butcher and Howard Dick (eds.), *The Rise and Fall of Revenue Farming: Business Elites and the Emergence of the Modern State in Southeast*, New York: St. Martin's Press, 1993.

员资本家，在1891—1911年间参与中国的现代化。[①] 张弼士活跃于槟城—苏门答腊企业圈，他和许（Khaw）家共同经营鸦片饷码。许家的船运公司是贸易或运输不可或缺的。他的人际网络有来自中国的移民（如林妈栽），以及接受大英义（成立于1816年）英文教育的土生华人（如谢增煜和林克全，他们被视为侨生华人）。

表3 张弼士网络

年份	槟城	马来州属	苏门答腊
1877	利旺公司分行		与棉兰的Lee Ah Ghee和Wong Boon Sin并创利旺公司；分行设在棉兰。张鸿南之兄长张煜南在1911年过世后，他被任命为日里（Deli）甲必丹，参与日里和槟城的运作。
1886	成立万裕兴运输公司；典当饷码		获得苏门答腊东海岸饷码，日里甲必丹温颜泰担任担保人。
1893	中国驻槟城第一任副领事		和中国同乡张鸿南获得苏门答腊东海岸得腊其利（Indragiri）鸦片饷码。
1897		和陆佑、谢春生在彭享文冬成立东兴公司	
1907	1904—1906、1907—1909年，与16位会合伙人获得鸦片饷码。[①]这些联盟也在吉打州获得鸦片饷码	一些在槟城获得鸦片饷码的合作伙伴，也在1907—1909年在吉打州经营鸦片饷码	和资本家张煜南和张鸿南先弟、谢春生以及邱昭忠成立日里银行
1915			担任邱昭忠苏门答腊东海岸赌博饷码的担保人

资料来源：Michael.R.Godley，"Thio Thiau Siat's Network"，in John Butcher and Howard Dick（eds.），*The Rise and Fall of Revenue Farming：Business Elites and the Emergence of the Modern State in Southeast*，New York：St.Martin's Press，1993；"Chinese Revenue Farm Networks：The Penang Connection"，in John Butcher and Howard Dick（eds.），*The Rise and Fall of Revenue Farming：Business Elites and the Emergence of the Modern State in Southeast Asia*，New York：St.Martin's Press，1993.

---

① Michael R. Godley, *The Mandarin-Capitalists from Nanyang：Overseas Chinese Enterprise in the Modernization of China, 1893-1911*, Cambridge：Cambridge University Press, 1981.

② 1907—1909年，16位获得鸦片饷码的合伙人包括邱昭忠，日里银行创始董事之一，拥有苏门答东海岸赌博饷码；陈耕基（Chan Kang Choon），广东人，霹雳矿业家；梁碧如，客家人，拥有吉打州马莫（Merbok）瓜拉姆达（Kuala Muda）的饷码；吴文景，福建人，拥有吉打州马莫（Merbok）瓜拉姆达（Kuala Muda）的饷码；林妈栽，马来州属各种企业的合伙人；陈谦福，自1901年始在新加坡的合作伙伴；林克全，槟城中华总商会主席；谢增煜，槟城最早成立非英人保险公司之一；杨维岳，自1895始开始合作。

论及这区域的船运业，最闻名的就属高源公司。高源公司是在19世纪70年代在槟城成立的一家公司，将其置于许家脉络下方，能探视其更大的企业网络。珍妮弗·库什曼（Jennifer Cushman）是华－泰（Sino-Thai）锡矿王朝研究的先驱者。她刻画许泗章（许氏集团的创办人兼元老），如何于19世纪时在各领域扩大家族企业。超过一个半世纪，许氏家族企业在泰马边界的发展和扩充，为今天的北三角贡献良多。

高源公司坐落在槟城土库街63号（昔今都是商业中心）。成立初年，高源公司只有几艘船。不过，到了1902年，高源已扩展成为全槟最大的船运公司。许氏家族占据重要位置。除了高源公司的船只外，1904年，他的儿子和孙子拥有16艘船航行于缅甸、暹罗、新加坡和中国。那个时期，欧洲的船运公司较喜欢远距的全球航线，这给本地船运公司的区域性沿海航线提供了发展空间。

进入20世纪，新的局面出现了。随着殖民势力的扩展，殖民政府不再和过去一样需要饷码组织来管制移民群体。这时候，西方企业崛起，与传统华商形成强烈的竞争。东方船务公司（Eastern Shipping Company，简称ESC）的成立是高源公司对欧洲势力侵占由原由许家独占泰国半岛西岸船运业的回应。这措施是与其他槟城船主合作，包括柯孟淇和林耀煌。[①] 林耀煌的父亲林宁绰先是经营槟城—亚齐的航线，后来扩展到通扣（Tongkah）和仰光。接下来，东南亚著名华商如张弼士、黄仲涵（今日之印度尼西亚），叶亚来、陆佑（马来州属），黄敏（新加坡）和许家纵向地成立一家合并公司，这家公司以西方航线为主。[②] 新的企业模式俨然

① 举以下几个例子（林耀煌、柯孟淇和许氏兄弟）说明侨生华人形成的企业结盟。林耀煌，1878年在槟城出生，林宁绰（1850年生于槟城）之子。林宁绰是林乙金之子，林乙金被确定是槟城最早的定居者之一。柯孟淇，1872年在槟城出生。父亲是柯汝梅，槟城著名的椰子种植家。柯汝梅的兄弟柯如初和柯如琢，分别生于1868和1871年生于槟城。他们是许泗章之外孙。上述所提的林耀煌、柯孟淇和许氏兄弟都有个共同点，即休他们都在槟城大英义学（Penang Free School）接受英文教育。Neil Khor的论文对接受英文教育的槟城华人侨生多有论述。

② Jennifer Cushman, *Family and State: The Formation of a Sino-Thai Tin-mining Dynasty 1797-1932*, Singapore: Oxford University, 1991, p. 63.

形成,从族群内部演变到族群间,即华—西的合作关系。

三、结语

长期以来,港口城市是社会、文化和经济交流的地方,也是区域的人碰面和互动的地方。[①]可预见的是,港口是产品、人们、观念和组织流动的内、外通道。槟城因具有殖民港口的优势,有更大的西方航线衔接进入工业市场,以及联结其他英属港口,使槟城快速成为北方转口中心。

总结,如果我们声称槟城是殖民时期在北方主要的城市港口,那在独立前时期,它已是东南亚在北方沿岸和内地的收购和分布转口港,也是一个联结市场的沿海地区。以上两个个案都涉及饷码经营网络,以及贸易和船运业务网络论的论述,证明了槟城是商业中心。

(本文原题 Loh Wei Leng,"Penang as Commercial Centre: Trade and Shipping Networks", 载 *Malaysian Branch of the Royal Asiatic Society*, Vol. 82, No.2 (297), December 2009, pp.25-37.)

(翻译:陈爱梅、黄裕端)

① Kenneth McPherson, "Port Cities as Nodal Points of Change: The Indian Ocean, 1890s-1920s", in Leila Tarazi Fawaz, C. A. Bayly, and Robert libert (eds.), *Modernity and Culture: From the Mediterranean to the Indian Ocean*, New York: Columbia University, 2002, p. 75.

走出“地方”

——马来西亚华人史研究的几个观察思路

安焕然

（马来西亚新纪元大学学院中文系）

新马华人史的书写，除了概论式的叙述，更多的是偏向以一个现在的国界或州县市村乡的行政区划的“地方”作为研究的定点来进行“进村找庙”的个案研究，一些甚或更像是地方史料搜集的“地方志”书写。这种在地的华人史研究有其乡情魅力所在，但也有其“地方”格局。本文透过比较研究、国家（The State）和突破现今行政区划等区域流动的观察视角，尝试提出超脱“地方”史的华人研究思路。

一、“告别华人研究”的叩问

2013年12月16日和17日，厦门大学历史系主办“中华文化的跨境传播——海外华人研究国际学术论坛”。我虽是受邀主讲人之一，但参与论坛更大的意义还在于学习与交流。此次论坛所邀多是学界名家，为“华人研究”提出颇有前瞻意义的学术研究趋势。

在会上，新加坡南洋理工大学刘宏提出了尖锐的叩问，他说：“告别‘华人研究’吧！”他指出，提出“告别”，不是说华人研究没有意义，而是要超越华人研究。现今的华人研究论文，很多是个案研究。这些研究，对国际移民或社会科学研究领域，能有些什么贡献呢？这些个案的华人研究成果，能不能与主流的学术前沿进行对话？

而我则是马来西亚国籍，出生及生活在马来半岛南端的柔佛州

(Johor)首府新山(Johor Bahru)。我的研究专业“文化新山”[①],也可以说是一个对自己的家乡的“乡土史”研究回馈。但必须要说,新马华人社会的乡土史或地方史有其研究格局。相关领域研究者一方面在默默地进行田野史料的搜集,做点史料填空的基础工作。与此同时,论述者也常会不自觉成了弘扬家乡文化的建构者。强调当地华人奋发拼搏的精神,对斯土拓垦开发的贡献。事实上,这种为了弘扬地方文化的地方史研究,很容易落入画地为牢的困局。[②]研究“地方”不能就“地方”而局限于“地方”。同理,谈“文化新山”也不能就“新山”而“新山”。因而我在会上发表《文化中国·文化马华·文化新山》时,日本武藏野美术大学的廖赤阳在我演讲完毕后随即发言:“你谈的‘文化新山’相当感人。但是像这样子的文化打造,在世界各地也有不少个案。而在日本,就是相当普遍的‘社区营造,地方主导’的文化创造(例如长崎华社的春节祭)。请问,你的‘文化新山’和日本的‘社区营造,地方主导’,有什么不同?”“文化新山”若只不过是世界各“地方性文化创造”的“普遍现象”,那研究来有何学术回应?对学界理论有哪些启发和对话?若只是普遍现象,那研究这个案有什么意义?

我想回应的是,对“地方”的研究,难道就不能探索其“普遍性”?而什么又是其在地的“独特性”呢?事实上,很多“地方”的所谓“多元性”“在地性”其实并不“特殊”,也不是“独有”,而不少只是一种面对“国家”和“全球化”的回应。滨下武志在《全球华人与地方华人认同》的专题演讲中就提出“地方的全球化”议题。纵然民间史料的搜集对“地方志”的历史记录以及民间的“在地发声”有其重要性,但从事“地方史”研究更重要的是,我们从地方研究中看到了什么。

滨下武志指说,地方研究的挑战是“全球化”,而且可以从地方文化

---

① 安焕然:《文化新山的边城风景——战后马来西亚新山华人社会文化研究》,博士学位论文,厦门:厦门大学,2009年。

② 安焕然:《超越“地方史”研究的格局——中国区域史研究的参照与分析视角》,严家建编:《汉学的区域——第七届马来西亚汉学国际研讨会暨庆祝郑良树教授七秩华诞论文集》,吉隆坡:马来亚大学中文系、马大中文系毕业生协会,2011年,第273-288页。

中发现其全球化网络。全球化其实是可以从地方文化中展开的。所以，地方华人认同与全球化之间，华人社会与地方文化之间，应维持其地方文化特色，适应当地文化，同时新开全球文化。

因而在会上，大家提出了“比较研究”的前瞻性研究方向，同时也指出一些现今华人研究普遍存在的盲点。例如，广州中山大学副校长陈春声认为，中国人类学不应只是写给中国人看的。同样的，华人研究也不应只是写给中国人或是给“海外”华人自己看。台湾“中央研究院”民族学研究所庄英章亦指出，谈比较研究，这“比较”不要只是像过去陈达的“侨乡与南洋”，也不是李亦园当年聚焦于探讨麻坡华人与中华文化的传承问题，只是“华人社会”的研究。如今，更应该关注的，可以比较华人和当地其他种族，以及西方势力的互动关系研究，甚至是华人“再移民”的研究。陈春声更指出，可以的话，我们今后的学术论坛，应该请一些印度研究学者来和华人研究学者多做点学术交流。以上这些建言，很值得我们当下（以中文论述）的华人研究学界参考。

图 1　2013 年 12 月 16—17 日，厦门大学历史系主办“中华文化的跨境传播——海外华人研究国际学术论坛”，为“华人研究”提出颇有前瞻意义的学术研究趋势

二、科大卫的建言，森正夫的气度

2014 年 10 月 24—25 日，我受邀赴嘉义大学参加“第十届嘉义研究

国际学术研讨会”，与香港中文大学历史系讲座教授科大卫和日本名古屋大学名誉教授森正夫同台，担任“地域社会的组成与秩序运作：嘉义研究新思维”圆桌会议的讲谈人。科大卫在发言时，直指研究家乡历史的人，自然有一份生命经历的情感。其中的历史叙述有很多的集体记忆、想象和认同成分。但如何跟不是本乡的人讲家乡的历史，则又是另一个问题。科大卫是“华南学派”的重要学者。谈到他阅读“台湾历史研究”的经历，他说，近来台湾的台湾史学界，就个人研究而言，很用功，写得很细；但对外人而言，不容易了解，很难读。他既认真又幽默的指说：“台湾史只是写给台湾人读？求求你，写一点我们也明白的东西，好吗？”这句话虽有点半开玩笑，却切中当今“台湾岛人”研究台湾史的要害。

怎样跟家乡以外的人讲家乡的历史，这是一个很有意思的问题。科大卫继续指说，你要跟别人讲本乡的历史，首先你要联想到你的述说对象，了解到对方以及他的家乡。例如，你要跟台湾人讲香港，就要明白台湾人和香港人有哪些共同和不同，有没有一些可以对话的东西。历史人类学的研究，不一定要印证什么共同的代表性事物，而是要讲我们的家乡经历过什么过程，而你的家乡有没有呢？有没有“共同的话语”来介绍我的家乡？

这是很有意思的建言。同理，我们要介绍马来西亚，要介绍马华，抑或“文化新山”，是不是也要考虑到你的述说对象？而不是一厢情愿地吹嘘“弘扬”地方文化，讲其所谓的“独特性”。

其次，谈地方史研究，不是停留在地方上，而是要去解决一些问题。但这些问题，不应只是用机械性的理论来套装，把地域的自主性特色都给抹杀了。关于这方面的探讨，学术界早有议论。除了“华南学派”的“他山之石”，日本学界的中国史研究亦值得参照。战后初期日本的中国史研究，分为东京的历史学研究会（“历研派”）和“京都学派”。这两大学派曾展开激烈论战。“历研派”以马克思唯物史观的“世界史的基本法则”（亦即依据奴隶制、农奴制和资本制等普遍性历史范畴）为指导原则来诠释中国史；而“京都学派”则反对这样的历史“基本法则”的套用。20世纪80年代，森正夫开始以“地域社会”一词，着重地域史“空间性研究”。号召作为“为了全面掌握广义再生产的‘场’（地方）、人生活的最基本的‘场’（地方）”之方法概念的使用”，开拓了日本学界的社会史研究，微观探讨社会秩序的具体面及阐明基层社会的结构和特色，并促进了跨行政界域及跨国界的移民史、族群史和海洋史等宏观研究。诚如冈山大学土屋洋《战后日本学界区域史研究的回顾与前瞻——以中国史研究为主》一文所指出的，森正夫的“地域社会论”促进了研究方法的多元化，引发后来的各种多彩的专题研究。[①]

但诚如日本俳句有言：“稻穗结实愈多，头就愈下垂”，愈有学问和学养的人，愈是谦虚。森正夫的“地域社会”论，在“国家”政权和意识形态的影响这层面的研究不明确，亦是事实。嘉义与会期间，森正夫教授送我多篇他近期发表的论文抽印本。其中有他的研究心得；也有接纳别人新的研究成果给他的建设性启示，做了自我检讨，并认为这些建言（如对“国家”在地域社会的作用等关注点）亦当是今后值得学习的研究路向。学无止境，真是大学者的气度。

三、华人社会研究不能忽略“国家”

有意思的是，忽略对“国家”的探讨也出现在华人研究的领域。的确，就新马社会而言，早期华人之移殖，把中国祖籍地“原乡”的社会文化形态带引过来，而在马来邦国及殖民统治之下，华人半自治的社会管理也确实有其文化传播的根源性渊源。然而，或许过于投入在“眼光向下”的研究视点，甚而沦为“进村找庙”零碎个案研究，我们的华人研究较疏于对在地“国家”（The State，政府与政策）对华人社会文化的形塑、制约以及其互动关系的探讨。

强调“国家”之介入，是强调历史变迁下，不同政府的统治及其“理华政策”实质影响华人社会文化的形塑。这涉及国家机关与华人之间

① 土屋洋：《战后日本学界区域史研究的回顾与前瞻——以中国史研究为主》，《嘉义研究》2012年第6期，第1-24页。

的关系,"国家"对华人社会的介入程度以及华人的政治认同偏向,等等。而不同时期政治实体的"理华政策"之立定导向,又与其跨国危机的对应,彼此间相互关联。诚如吴小安所指出的,华人社会经济史研究需置于政治权力关系架构中分析,其微观的个案研究需与宏观的东南亚地区史重叠起来研究,并与全球化、区域化流动的跨国界互动关系对应起来考察。① 因而探讨华人社会文化的形成发展,应该留意以上各方方面面的思考层面。

举引19世纪后半期,有"柔佛现代之父"之称的苏丹阿武峇卡(Sultan Abu Bakar)治理下的柔佛为例来回应以上的这个讨论。苏丹阿武峇卡掌政期间,致力于柔佛的现代化,并于1873年颁布了《柔佛统制港主法令》。而该法令的第十三条明文规定:"港主应遵守先王所颁布之命令,不得于'义兴'之外另立会党。"仔细解读这段法令条文的语意,表明柔佛统治者对华人会党的态度,既是认可,同时又是禁压的。对华人会党的社会功能,柔佛统治者并非全然抱持肯定的态度,而是有所选择的指定义兴公司才是柔佛境内唯一的合法会党组织,其余会党则不得染指。在英国海峡殖民地政府尚未懂得如何有效管制和禁压华人私会党之前,柔佛政府已经阻绝了其他会党势力之延伸。②

华人会党是有可能制造社会问题的。当时霹雳和雪兰莪的骚乱已发出警讯,华人会党既能维持社会秩序稳定,也会是械斗骚乱的祸源。若言苏丹阿武峇卡的父亲天猛公依布拉欣时代基于柔佛港主制度的推行,是建立在潮州人的胡椒甘蜜种植业者与义兴会党相互结合的历史因缘之上,他已睿智地看到"独尊义兴"的重要性;则其子苏丹阿武峇卡的持续采取"独尊义兴"政策,则是明文规定,要把华人会党也纳在其

---

① 吴小安:《华侨华人学科建设的反思:东南亚历史研究的视角与经验》,李安山主编:《中国华侨华人学——学科定位与研究展望》,北京:北京大学出版社,2006年,第100-102页。

② 19世纪50年代末,一批福建帮的义福党徒曾以武装的恣态进入柔佛境内的港区,尝试建立其支部。不过,该势力扩张的企图最终失败,天猛公属下的马来警察逮捕并监禁了两名义福党的党魁。他们获得释放的条件是保证莫将其势力再带到柔佛。参见叶少萌:《十九世纪星柔的贸易关系》,《南洋文摘》1966年第7卷第3期,第168页。

可以管制的机制范围之内。我们至今还找不到19世纪柔佛有任何大规模会党械斗的历史记录。“独尊义兴”政策有效确保了柔佛地方的和平与安宁，华人不分党派，共同纳于义兴公司旗帜之下，并与柔佛统治者维持良好的合作关系。诚如Barbara Watson Andaya等著的《马来西亚史》所指出的，19世纪的柔佛王国在马来土邦里塑造了一个“华巫合作”的最佳典范。这个华巫关系典范的建立，得归功于“独尊义兴”政策才致使柔佛的繁荣、社会的安宁与族群之和睦共处。[①] 由此可见，苏丹阿武峇卡的“理华政策”显然与马来亚英殖民地政府所采取的管制方法不同。从社会安宁的历史事实面来看，柔佛政府“独尊义兴”的“治华政策”效果，实尤胜于英国殖民地政府在马来亚其他地区所施行的各项打压，甚至意图“消灭”华人会党政策所需付出的成本代价。

19世纪柔佛“独尊义兴”政策的落实，原是柔佛现代化的基本国家政策之一环，并非华人社会自然形成，也非仅因柔佛政府为“感谢”义兴“恩德”所致。“独尊义兴”一个相当关键的意义在于，它是强调开放给所有华人参加的会党，也是柔佛境内唯一合法的会党。此项柔佛“国家政策”的贯彻，促使柔佛义兴更能超越方言帮群间的隔阂，从原本以潮州人甘蜜种植者为主的义兴，转型为容纳各帮群，属于全体华人的组织。这样一种包容(而且是“必须”包容)的格局，影响了柔佛首府新山华人社群之间的互动关系。不论籍贯、方言群或是帮群的认同为何，只能容纳于义兴门下，于是新山华社的整合就显得单纯多了，这对新山华人社会文化格局的形成是颇为重要的因素，也是早期新马较为罕见的华人社会结构。

四、华人的“区域”研究

借用陈春声对潮学研究课题的思考参照，他指出，从事地方史研究的，常常是本乡的学者。由于个人情感和乡土的交融，赋予地方史工作独特的魅力，去寻找一些熟悉的感觉和借此来表达和巩固对乡土的认同

---

① Barbara Watson Andaya, Leonard Y. Andaya, *A History of Malaysia*, Houndmills: Palgrave, 1995, pp143-144.

感，他们常常会不自觉地有一个"弘扬"的心态。因而，除了一些史料搜集的文字填充工作之外，地方史研究者很多时候也扮演着历史"建构者"的角色。然而，作为一个学者，必须对此要有所自觉，在学术发展道路上，要有更深沉思考，不应仅沉溺于地方史文化特色"弘扬"的格局。希望有更高视点的学术对话。陈春声鼓励说，我们应该要从"地方史"格局小小的"魅力"中超越出来，走向"区域史"的研究。[①] 这样的研究方法也适合应用于华人研究。

"区域史"研究与传统的"地方史"研究不一样。因为"区域史"研究主要是当成一种分析的工具。它不仅是空间结构的问题，而是要把"区域"跟"人"联系在一起。若用此区域研究概念来理解新马华人历史的社会文化研究，论者最感兴趣的，应是研究各地的"华人"的社会文化活动，而不仅仅是在一个行政区划里的"地方"所发生过的事。因为，人的活动和思想交流，它涉及一个人对地方的认同意识，以及跨国越界的全球化资讯交往问题。这是两个很不相同的概念。

再从在地的族群认同来看。当代族群理论强调的是族群文化认同的"建构"问题，学界的研究取向关注焦点，已由"事实"（Fact）转移到"情境"（Context），由识别、描述"他们是谁"，转移为诠释和理解"他们为何要宣称自己是谁"。[②] 换句话说，族群认同，在于它给予了我们在世界上的某个"位置"，知道"我是谁"。但是，族群认同在"文化"中往往是被生产、消费与管制，并透过"再现"的象征系统（Symbolic System），进而产生与我们可能采取的认同"位置"有关的意义。[③] 因而我们对族群的理解，就不得不关注于其历史情境和其所在国家、地域的政治经济和社会文化互动关系。

---

① 陈春声：《从地方史到区域史——关于潮学研究课题与方法的思考》，潮汕历史文化研究中心、韩山师范学院编：《潮学研究》（第 11 辑），汕头：汕头大学出版社，2004 年，第 18-45 页。

② 王明珂：《华夏边缘：历史记忆与族群认同》，台北：允晨文化实业股份有限公司，2005 年，第 20-21 页。

③ ［英］Kathryn Woodward 编：《认同与差异》，林文琪译，永和：韦伯文化国际出版有限公司，2006 年，第 3 页。

为突破以往“海外”华人史常沦为“抗争史”“悲壮史”“奋斗史”和“贡献史”等概念化的叙述，或“地方志”史料填空的研究格局，区域史研究提出的“地方感”概念值得华人研究学界借镜。问题是，在“海外”华人的区域史研究之中，什么才是当地华人的“地方感”？华人有无其自身的“地方性知识”？避免缠绕于这些抽象术语的束缚，说得简单些，华人“区域史”研究它更需要对在地华人的“本土语境”要有所认知。结合人文地理学的理论，一个“地方”，它不只是一个空间的概念，而是指涉了“人与地方的情感联系”，它涉及价值和归属的讨论，因而作为一个区域史研究的“地方”在比较深刻的意义上，也是没有所谓固定不变的位置的，关键在于这个地方的“华人”对这块地方情感联系的问题。

就以我现在居住的马来半岛南端柔佛州首府新山为例。对新山华人来说，“新山”不单纯只是一个马来西亚地方行政首府的地理区划。从新山华人区域史研究的了解，“新山”已是在地华人的“家园”，建立了“新山人”或“马来西亚人”或“马来西亚华人”的身份认同，有他们的地方情感和本土语境。以此区域史研究概念来分析、理解这个“华人”，则它涉及了华人如何运用其本土的历史集体记忆和各项社会文化资源，在这个地方构塑“家园”认同的心路历程。这是华人研究从地方史研究到区域史研究，对历史内在脉络和历史时空情境的把握和理解，应当要有的自觉和基本认知。

“新山”不仅仅是一个有固定地理疆界或行政区划的概念。由于新山在战前已是柔佛天猛公王朝的首府，因而在战前，新山常被称为“柔佛”。第二次世界大战前新山成立的华侨公所、潮州八邑会馆、福建会馆、琼州会馆等都是冠上“柔佛”一词，屹立于新山最古老的直律街的古庙至今亦是称为“柔佛古庙”。以“柔佛”来指涉新山，象征的是新山作为柔佛首府的地位。然而，在地域认同上，即使是新山行政区划内也各有落差。早期的“新山”，对其周围的郊区乡镇居民而言，很多时候只是一个“市中心”的概念。① 新山的行政区划很广，它还包括了其原来

① 笔者小时候听长辈常说，“下坡底”即“去（新山）市区”的意思。

的副县，西北内陆地区的古来（Kulai）一带。马来亚独立前夕，古来对新山而言，还是一个以务农为主的郊区。20世纪50年代古来的居民，华人占了90%以上，他们有的虽参与“新山”的社团活动，但也在古来自成天地，有各自的社团组织和人文生态，而且古来华人的帮群结构也与新山（市中心）有很大的差异。[①] 前述所谓的“义兴传统”“古庙精神”，在战前也仅仅指向是新山市区里的人文格局，并非整个新山行政区域广大范围内的“地方感”的认同意识。柔佛古庙游神的欢腾，对一些长期住在古来的人来说，其实是没有什么记忆和意义的。战前的新山人文格局若与今天的相比较，真是天渊之别。

图2　柔佛古庙不仅是个烧香拜神的地方，它更像是新山华人一个承载历史集体记忆的人文象征地标

然而随着第二次世界大战后各项文教事业的发展，华社资源的动员与整合，古来与新山逐渐融为一体。即使是2008年柔佛州行政区域重新划分，古来地区从新山“独立”出来，成为柔佛州的第九个县，但在习惯上，这两个已是不同行政区划地区的华人社团组织仍然有重叠的部分。而且对本区域唯一的华社民办华文独立中学——宽柔中学在新山校本部的基础上，在2005年以“扩充校园”方式在古来建立分校。在筹建分校过程中，凝聚和整合了“文化新山”的社会资源和团结力量，新山和古来

① 安焕然：《马来西亚柔佛古来客家聚落》，萧新煌主编：《东南亚客家的变貌：新加坡与马来西亚》，台北：“中央研究院”人文社会科学研究中心、亚太区域研究专题中心，2011年，第185-219页。

地区的华人社会都大力支持。即使2008年以后新山和古来在行政区划上分治,但大家仍视宽柔中学为本区域(包括行政地域上的新山与古来)的文化资产,一起扶持,共同捐助。所以说,行政区划的变迁与地域认同之间是有不一致之处的,而且地域认同也是有其时空脉络的形成过程。

图3　宽柔中学古来分校一景

右一安焕然。2005年,宽柔中学在新山校本部的基础上,以“扩充校园”方式在古来建立分校,筹建过程中凝聚了“文化新山”的社会资源和团结力量

特别是20世纪70年代以来,随着新山郊区城市化的急速发展,过去很多郊区的橡胶园如今已发展成新兴住宅区。外来人口大量移入,成为新移民落户新山。20世纪90年代初期,新山跃升为全马第二大都市。然而,华人传统行业的变迁,新山“大巴刹”(菜市场)的外迁等城市规划的因素,如今的新山老市区已趋没落,华人早已大量迁出,移往周围各新兴住宅区发展;反而是印度商人有计划的移进,在新山老市区里开设了不少店铺,新山“小汕头”已成了“小印度”。老市区的行业和景观变化实在太大了。对华人社会而言,今天的“新山”,它再也不是一个市中心的概念;反倒是那个“老市区”,它更多时候像是一个让“新山人”存有不少集体记忆与历史想象的地方。如今,坐落于新山直律街平时显得有点宁静的柔佛古庙,不仅是个烧香拜神的地方,它更像是新山华人一个承载历史集体记忆的人文象征地标。因而结合人文地理学的理论,一个“地方”,它不只是一个空间的概念,而是指涉了“人与地方的情感联系”,它涉及价值和归属的讨论,因而作为一个区域研究的“地方”在比较深刻的意义上,也是没有所谓固定不变的位置的,关键在于新山的

“华人”对这块地方情感联系的问题。

五、华人区域研究的流动脉络

华人的历史也是一部流动的“连续剧”,不能只看其中一集。看华人史,不能只有一个固定观察的视角,需仰视、俯察、远近、往返的“游目”观察,才能看其全局。因而,研究华人历史,绝不能只就新山而新山,就槟城而槟城,眼光不能只锁在现在的行政区划。若不自觉,就井底观天了。

图 4 新山华族历史文物馆志工导览培训
右一安焕然

2012 年,我和新山华族历史文物馆管委会一行人到印度尼西亚廖内省民丹岛丹绒槟榔进行历史文化考察。本团领队是时任新山中华公会署理会长,也是时任柔佛陈氏颍川公会会长的陈联顺。他很熟悉地帮我们处理船票和通关手续,抵达丹绒槟榔码头。一出移民关卡,陈联顺在廖内的陈氏宗亲已在门外恭候,要带我们去吃饭。一煲端上,竟是潮州肉骨茶;再来一锅潮州鱼汤,鱼肉质实在鲜甜;外加印度尼西亚烤鱼和拉沙。真没想到,我在印度尼西亚廖内吃的第一餐,竟是如此传统又多元而道地。更好奇的是,我们的领队陈联顺会长来到印度尼西亚廖内,竟好像是回到潮州人的家乡遇见亲人般。跟当地陈姓潮籍宗亲闲话家常,看来他们是相识很久了,感情很好。而这家咖啡店墙上挂着一幅“生意兴隆”牌匾,志明是由“陈联顺、陈开松、陈锦通、陈道宜、陈志明敬贺”。这几位陈姓人士,都是柔佛颍川陈氏公会的执委。

当时陈联顺跟我们说:“廖内潮州人和柔佛潮州人,源远流长。我们同宗同源，早就有切不断的血缘和文化关系。从历史看，两地潮州人早有联系。当年潮州人从中国家乡南下，最早先到廖内，以种植甘蜜和胡椒为业；后来转到新加坡发展；最后来到柔佛。这是一条有迹可循的潮人南来的历史走廊。”

今天，廖内虽属于印度尼西亚，新加坡是独立国家，柔佛则是马来西亚的一州，但若论19世纪中期柔佛港主制度的源起，却还得追溯至廖内。19世纪中期以来的柔佛港主，绝大部分是华人。而华人港主之中，又以潮州籍人士为多。[①] 这批潮州人甘蜜种植者的到来，有其“廖内—新加坡—柔佛”的区域迁移路线。早期的柔佛王国包括新加坡和廖内群岛，史称柔佛廖内王朝时期。1740年，已有为数不少的潮州人在廖内群岛从事甘蜜和胡椒的种植。1784年，廖内民丹岛约有1万名华人，他们多聚居在该岛的厦门村（Amoy）和潮州村（又俗称为广东村），并委有甲必丹，唯当地的甘蜜和胡椒种植者是由潮州人甲必丹所管。[②] 但在18世纪末，首相王统的柔佛廖内苏丹借助荷兰人的势力，削弱其国内新兴的武吉斯人（Bugis）的力量，[③] 却也让荷兰殖民者有机可乘，掌控了柔佛廖内的主权，苏丹不得亲自统理政务。至此柔佛廖内王国在马来群岛区域的威信尽失，各马来属邦相继摆脱柔佛的宗主权。丧失主权的柔佛廖内王朝的苏丹仅能屈从、偏安于廖内，并把其在马来半岛的领土，彭亨（Pahang）交由首相敦阿里主理，由天猛公（Temenggung）管辖新加坡和柔佛内陆地区。1811年，天猛公阿都拉曼（Temenggung Johor ，Abdul

---

① 安焕然：《马来西亚柔佛潮人的开垦与拓殖——以搜集柔佛潮人史料合作计划成果论述》，李志贤主编：《海外潮人的移民经验》，新加坡：新加坡潮州八邑会馆、八方文化企业公司，2003年，第417-457页。

② Carl A. Trocki, “The Origin of the Kangchu System, 1740-1860”, *Journal of The Malaysian Branch of The Royal Asiatic Society*, Volume XLIX Part 2, 1976, pp132-138; Caroline Wong May Leng, Sistem Kangcu Di Johor 1844-1917, Kuala Lumpur: United Selangor Press Sdn Bhd, 1992, Ms3-9.

③ 武吉斯人原是来自印度尼西亚苏拉威西，他们有的从事海洋事业，甚至当海盗。17、18世纪，武吉斯人崛起，形成一股颇具势力的武装海上集团，并进而入主马来半岛土邦的政治核心。关于武吉斯人，可参见 Chistian Pelras, The Bugis, Oxford, Cambridge, Mass: Blackwell Pub. Ltd, 1996。武吉斯人势力之入主柔佛，则可参见 Abdullah Zakaria Bin Ghazali, “Kesultanan Johor, 1528-1885”, dalam Abdullah Zakaria bin Ghazali & Zainal Abidin Borhan edit. , *Johor dahulu dan sekarang*, Kuala Lumpur: United Selangor Press Sdn Bhd, 1994, Ms. 19-25。

Rahman)迁居驻守新加坡。此时又正值西方另一股殖民势力(英国)到来。1819年,莱佛士"登陆"新加坡,并和天猛公阿都拉曼合作,共谋策划,"移花接木"地册立了一位柔佛廖内失势的王子登姑隆为柔佛苏丹(亦即苏丹胡先),并与之签约,租借新加坡为商埠。数年之后,更是再订条约,把新加坡的一切土地全操之在英殖民者的手中。荷兰和英国殖民势力的到来,加速了柔佛廖内王朝的瓦解。唯柔佛内陆的土地则由柔佛天猛公管辖,并获得英殖民势力的认可。

说回种植甘蜜的潮州人的移垦。19世纪30年代,廖内的潮州椒蜜种植者因不甘受荷兰人的苛捐杂税,也纷将其垦殖重心移到新加坡,促使新加坡的甘蜜和胡椒种植业获得迅速发展。[①]1848年,新加坡的甘蜜种植达至高潮,甘蜜与胡椒以(通常是10:1)并种的方式栽种,占当时新加坡全岛总耕地面积的76%,椒蜜种植者90%也都是潮州人。[②]但是后来又由于新加坡种植土质的枯竭,再加上英殖民地政府更改土地租赁期限,以及颁布耕地纳税法令,亦引起种植者大为不满,有者甚至反对缴付地税,潮人种植者遂有他迁之意图。[③]正值此时,承继阿都拉曼柔佛天猛公之位的天猛公依布拉欣,敏锐地看到了这批华人种植者(主要是潮州人)在新加坡的处境及其不满情绪,乃推行港主制度,大力招引彼等移入柔佛,发展柔佛的甘蜜和胡椒种植业。这些柔佛港主大部分是潮籍人士,而且以陈姓和佘姓潮人为多。诚如光绪年间(1875—1908)李钟珏《新嘉坡风土记》所记:

> 叻地商务以胡椒甘蜜为大宗,岁必售销数千万元,然皆出自他岛……自柔佛以上各国港口繁多俱产椒蜜,华人之散处各港者实数十万,大都占地为园,雇工种树……每一港推园之最大者为港主,叻中富商设号各港以收椒蜜,如中国花米丝茶等项坐庄者然。潮商多业椒蜜。[④]

由此可窥,19世纪新加坡潮人的社区和经济,是和柔佛的潮人椒蜜

---

① Carl A. Trocki,"The Origin of the Kangchu System, 1740-1860", pp132-155.

② 黄成仁:《新加坡的甘蜜和胡椒种植业》,《新社季刊》1970年第3卷第1期,第31-36页。

③ 潘醒农:《回顾新柔潮人甘蜜史》,氏著《潮侨溯源集》,里弗埃奇:美国八方文化企业公司,1993年,第51页。

④ (清)李钟珏:《新嘉坡风土记》,新加坡:南洋编译所,1947年,第8页。

种植经济体系合为一体的。[1]

简言之，19世纪中期，柔佛廖内王朝被荷兰殖民者把控，新加坡落入英国人之手，而武吉斯人天猛公则在今柔佛境内励精图治，大力推行“华巫合作”的港主制度。潮州人从廖内移到新加坡，再迁到新山拓垦开发。迄今，在廖内省民丹岛的大坡，还有一座近两百年历史的元天上帝庙。该群岛也有多座感天大帝庙（如民丹岛洪厝内港），而在新加坡则是洪仙大帝信仰香火鼎盛的“起源地”。这些点点史迹和闪闪“灵光”，都是新山华人移殖史的“前史”及柔佛古庙五尊主神的神源溯源“寻根”之途。华人研究，早就应该从“地方”走出来，看看其“区域”的流动了。

六、小结

综上所述，华人研究的视角常常被“国境”“国别”给绑住了。而“进村找庙”的田野调查，也常常走入“见树不见林”的迷思。结果槟城人写的乡土怀旧，有浓浓的“槟岛人”优越感。马六甲人讲古，一讲就是600多年前从郑和下西洋说起，却在马六甲找不到太“真实”的郑和文物。而“文化新山”说故事，历史短短，却一再“弘扬”地方文化：说我们新山是最特别的、最团结的，我们有“独尊义兴”的“古庙精神”，有“五帮共和”，有“一山一庙一校”。如此的华人地方史研究成了史料填空，也成了弘扬地方文化的建构。然而，作为理性冷静的学者，就不应停留在这个“写作”层次，而应要与这种弘扬地方文化的“历史建构”自觉地保持一定的“距离感”。

我们要“进村”，也要“走出”这个村子。但华人的个案研究或比较研究也不应只是求差异性，探其所谓的特殊性。在研究的议题上，还需讨论其“国家”和“全球化”问题。“个案研究”的对比，其问题意识的导向还在于“你要讲什么”“你为什么这样说”“你这样说，你想传述的对象听得懂吗”“能有所共鸣吗”。

其次，以往我们的华人研究在谈及海外华人的移殖拓垦，往往只是比较简单从中国沿海经济破产的“推力”和西方殖民政府为扩充其新帝

---

① 梁元生：《新加坡华人社会史论》，新加坡：新加坡国立大学中文系、八方文化创作室，2005年，第104页。

国主义榨取廉价原料及对廉价劳工需求的“拉力”,来诠释华人移民的到来东南亚各地。如今看来,这显然是比较粗糙的诠释框架。事实上,探讨华人早期之移殖拓垦,不应忽略“在地”的“国家”介入。若只从民间“自下而上”的华人“生命力”,或从“勤俭”“坚忍”“自强”的所谓华人的“民族性”来看华人的移殖与拓垦问题,其研究视角显然都是一些泛泛而谈的概念化论述。

海外华人的移殖和拓垦,除了受到国际情势的牵引,当地的“国家机关”介入,也有其一定的影响性。这是以往作为“中国社会经济史研究”学脉延伸出来的海外华人社会文化研究者所忽略的观察视角。海外的华人社会结构及其华人文化的传承与建构,不只是“自下而上”的民间自然形成,或“中华文化的传播海外”这样简单。一个国家的治理政策,对当地华人的移殖和社会结构的形成亦是很重要的。而且不同的执政者,其治理政策也会有所不同,这些都直接或间接影响早期华人移民社会结构的形塑及其在地生态。

此外,华人研究也需重视跨国境及跨行政区划的“区域研究”。战后以来的东南亚华人研究,多是“概论式”讲述东南亚华人,不然就是比较偏向国别史的华人研究。这种以国别“各自论述”的华人研究,很多时候会不自觉让华人之“史”,在时空上都给切割了。研究马来西亚华人的,忽略了新加坡华人史的论述与参照,也对泰国、印度尼西亚等华人史料的运用和认识不深。而在个案研究方面,往往也沦为“地方志”史料搜集。这个“地方”常常是因研究者的住地或大专学府里“承接”研究课题的因缘,受限于行政区划的个案研究。然而,从华人“史”的角度出发,历代行政区划多有变更,而且很多时候,华人“地方拓殖”的经贸关系和社交网络,是跨“在地”的。例如柔佛港主制度时代的椒蜜拓垦,实际上有其“廖内—新加坡—柔佛”因缘,也是一个以新加坡和柔佛潮州人为主、甘蜜种植业者和义兴会党“三结合”的关系网。

我们以一个地方(州县)或一个国家做“个案研究”,但观察的研究视角和史料的应用却不能仅局限于这一个国别的国界,或这一个行政区划的“地方”,而应把我们研究对象的这个地方的人的交际网络厘清,把其跨国越界的交际网络勾勒出来,进而整理出其跨行政区划的区域互动脉络。这是我们在从事华人研究时,更应当着重的研究思路和观察视点。

由怡保岩洞庙宇谈马来亚华人史研究

陈爱梅
（马来西亚拉曼大学中华研究院）

一、前言

虽然史料也需经过验检，但所有的信史必须以史料为基础。18世纪英国开始在槟榔屿建立殖民统治后，就吸引了大量移民迁入。数量最为庞大的当属来自中国华南的移民。英殖民政府在建立和执行管理体制的同时，留下了数量可观的一手史料。可惜的是，以中文研究马来亚史者，往往忽略了这些珍贵的英文史料。他们花更多的时间，寻找散落各处的考古材料，尤其是弥为珍贵的碑文。

华人史仅处马来西亚国族史的边缘。历史因素使然，早年即使是学术单位从事华人历史研究的学者，也多是不谙中文的学术精英。因此，在学院派所建构的华人史中，中文史料往往是缺席的。近年来，随着马来西亚私立高等教育的开放，受中文教育者能在大专院校找到立锥之地。这使年轻一代的学院派的治历者，在史料运用上更显多元，及展现多语的优势。

本文主要是以霹雳州怡保岩洞庙宇的研究为例，探讨以图像、实物和档案互补又相互验证的历史研究；也将探讨在解读史料的过程中，方言能力的重要性，以回应当代认为方言是低俗且无用的迷思。

马来西亚现在13个州属和3个联邦直辖区。在13个州属中，槟城的华人比率最高，霹雳州次之。怡保市是霹雳州的首府，华人约占70%。这座以华人为主的城市以出产美人闻名全马。这里群山环绕，空气清新,水质清凉。怡保市外围有许多石灰岩洞穴,当中不乏闻名的旅游和宗教景点。这篇论文所论述的部分内容及照片,主要取自笔者担任第一主编的《南洋华踪:马来西亚霹雳怡保岩洞庙宇史录与传说》(简称《南洋华踪》)。

霹雳州华人史所获得的关注,远不如毗邻的槟城。岩洞庙宇的介绍,也仅见报纸上的游记、诗词或旅游简介。民间学人李永球在报章上发表过数篇岩洞庙宇的文章,其中数篇有直接引述中文的一手史料。G. Sivapragam 在 2004 年出版的 *Heritage Asia* 中,以四页图文并茂的方式简介霹雳的岩洞庙宇,但并没有直接涉及史料的论证。论及马来西亚的中文铭刻,不得不提傅吾康(Wolfgang Franke)和陈铁凡所合编的《马来西亚华文铭刻萃编》。该书谓集大成的马来西亚中文铭刻汇编。可惜关于霹雳庙宇的碑刻,尚有许多空白待后人去填补。尤其是岩洞庙宇的文物,该书一个也没有收录。

二、怡保岩洞庙宇

怡保到底有多少岩洞庙宇? 2016 年 4 月份,这是霹雳州非伊斯兰事务委员会主席拿督马汉顺医生提出的一道命题。我们初步估算,应该不超过 20 间。甫毕业的陈昭慧和廖明威立刻投入这项调查工作。首期两三个月工作最为辛苦。因为无任何资料或数据可依循,他们只能用最原始的方式,沿着石灰山脉开着车子,甚至驶进颠簸的泥泞路找庙。不过,这一阶段的成果也最为丰硕。

研究团队面对一个很难题:如何士定义岩洞庙宇。讨论过后,我们将所调查的庙宇分两类。

(1) 岩洞庙宇:庙宇建筑主体或部分主体依岩石洞穴的自然构造内形成的宗教场所。

(2) 毗邻山脉或岩洞之庙宇:庙宇主体毗邻岩石山脉或岩洞,但没有建筑主体建立或依附在岩洞内。

为了行文的方便,本文将两者合起来,视为广义的岩洞庙宇。经过调查后，怡保岩洞庙宇的数量比我们估计的多了两到三倍。

时任霹雳州非伊斯兰事务委员会主席的马汉顺医生问我们，在众多岩洞庙宇中，哪些最具特色及值得更深入的研究。经过讨论，我们定下遴选标准：有一手史料证明其成立于第二次世界大战时期的岩洞庙宇。

什么是史料？这仿佛是很简单的问题。但在进行怡保岩洞庙宇这项研究时，我们也困惑了。就马来西亚华人历史研究而言，英殖民政府的英文官方档案、中文的石碑和铭刻等都是重要的一手史料。就怡保岩洞庙宇研究而言，照片和画的年份可信吗？

截至 2017 年 1 月，调查发现怡保共有 39 间岩洞庙宇，以及 10 间的毗邻山脉或岩洞之庙宇，总计 49 间。本文挑选数间有图像、实物或档案的岩洞庙宇来论述一手史料的运用和局限。

三、图像与实物

马来西亚国家档案局藏有颇丰富的照片，可惜的是，这是黑白照片往往没有确实的拍摄日期。不过，档案局所典藏黑白照片的数量，或也可反映出当时该间庙宇所受的重视。例如，档案局收藏很多槟城极乐寺的照片。建立于 20 世纪初的极乐寺是宗教、文化和旅游景点，引起关注也是想当然耳之事。

今日，霹雳洞是最具代表性的岩洞庙宇之一。马来西亚邮政在 2016 推出各宗教建筑的首日封和邮票，就以霹雳洞作为佛教宗教场所代表。霹雳洞几过两代的努力，如今以自信、从容的姿态，优质的管理，去迎接各地的文人、香客。霹雳洞虽然成立于第二次世界大战前，但发展也是在战后，国家档案局并不见霹雳洞的旧照片。但今已式微的南道岩，黑白照白中隐透它曾经的光辉。本章节将以图像和实物，来寻找史实和质疑。

（一）消失的匾额——“南道岩”和“南天洞”

南道岩和南天洞同属道教岩洞庙宇，这两个庙宇的共同特点，曾由道士所创与管理，且或曾辉煌一时的道教圣地，现在都已没有神职人员看守。前者鲜少对外开放;后者由管理委员会管理,是一个旅游景点。

南道岩是东华山海云派的发迹之地。海云派是马来西亚一个本土全真教派,其渊源可见森美兰州芙蓉天公五老观和怡保龙头岩的碑文。这两个碑文都同时记录了南道岩的重要性。作为海云派在马来亚的发祥地,至今庙里已不见任何有关海云派的遗迹竹。庙里保有所见年代古久远的文物是“光绪癸巳年(1893)”的古钟一座。

马来西亚国家档案局至少藏有四张南道岩的旧照片,其中以图 1 所示的精片极为精彩。在黑白相片中,我们看到一个穿长袍留辫的男性背手站在南道岩大门。在“南道岩”之下,还有三个匾额。

图 1　南道岩旧照片之一

(马来西亚国家档案局,典藏编号:2001/0049039)

对比今日的照片(图 2),"南道岩"匾额仍高挂在入口处,但底下的三块匾额呢?研究助理陈昭慧在 2016 年 8 月到访内殿时,已经没看到这三个匾额。

图 2　南道岩的现今之外观(邓汶康摄,2017 年 2 月 24 日)

除了南道岩,另一个由道士所创的南天洞匾额也不见了。

南天洞,原名南道院,由龚善道长长所创立,创立年份不详。目前可见最早的文献记载是其在清道光二十三年(1897)注册,唯一典藏南天洞的纪年文物是光绪二十五年(1899)的古钟一座。南天洞里发现 329 尊神祇的名字,或是马来西亚供奉最多神明的庙宇。丘逢甲曾游逛这座道观,并留下诗歌。

南天洞是一座颇具规模的岩洞庙宇,这座依山而筑的道观至少有五层楼高。我们从典藏在马来西亚国家档案局的旧照片中发现,大门挂着匾额和楹联(图 3 和图 4)。

从图 4 照片中,我们还能依稀能看到"南天洞"和"峻极于天"的题字。霹雳洞现任洞主张英杰先生表示,他曾亲眼见过这些题字,且印象深刻。可惜的是,现在的南天洞也找不到这些珍贵的文物了,人们只能借着黑白照片凭吊那些消失的历史凭证。

图 3　南天洞旧照片之一
（马来西亚国家档案局，典藏编号：2001/0050129）

图 4　南天洞旧照片之二
（马来西亚国家档案局，典藏编号：2001/0051213）

南天洞消失的文物不止是匾额，也包括珍贵的宗教，如度牒和诞辰祷词。笔者在2014年到访南天洞时，无意间发现创办人龚善德的度牒，落款年份是光绪二十七年(1901)。此外，当时南天洞也保存1925年的太上老君诞的祷词，这些宗教文件对了解南天洞的承传等都非常重要。可惜的是，两三年后，研究团队再到南天洞时，这些文件也都消失了。笔者当年拍摄的照片成了研究的素材。

照片是提供历史研究重要的凭证。第二次世界大战期间，许多文物和文件被毁，但庙宇文物倒是保存了不少，或许因为惧于神明，马来亚华人社会及日军都没有蓄意摧毁庙宇文物。不过，这些文物躲得了战火，却避不开太平时期的管理不当，或其他人为的因素所摧毁。

（二）错置抑可信的年代——广福岩与三宝洞

史料是构成信史的基本条件，但对于史料，我们也需谨慎检验。在一般的状况下中，铜铸的器物上文字具高度的可信，而在照片上手写的年代就未必可信。实际的状况或许与一般认知的相左。在书写广福岩和三宝洞的时候，我们就面对困惑了。

广福岩和三宝洞，都是佛教道场，由僧人所创办，一脉相承，同属梅峰法脉。广福岩于光绪十六年(1890)由龙岩法师初创，后由“梅峰重兴祖师”微嘉法师(？—1925)接手。广福岩在微嘉法师时代应取得良好的发展，现在于广福岩的古钟和匾额等，都是在微嘉法师时代的文物。为了进一步了解这位法师，杜忠全北赴福建莆田梅峰光孝寺，却发现了一件令人咋舌的文物。

首先，是一块铸有“梅峰光孝寺”，左右两旁分别铸有“大岁辛未年立春吉旦”“开山祖微嘉和尚”的云板。到访光考寺考察的杜忠全认为，这件云板应该是该寺重修时精心打造，强调微嘉和尚的“开山祖”的贡献，不忘祖德。

当他将文物的照片带回马来西亚时，研究团队只能笑言，这是微嘉法师“乘愿再来”，还是上演穿越剧？即使是被史学家称为珍贵无比的碑铭铸记，也需小心求证。

广福岩现无长驻僧人管理,文物保存不佳。另一个也是佛教岩洞庙宇的三宝洞,现已传到第三代会庆法师管理,状况就好多了。

三宝洞由清心法师(1882—1963)所建,至于开山建寺的年份,我们需要寻找确凿的证据。开谛法师提供一张庆祝三宝洞开山廿五周年的纪念照。不过,这张照片的年份可信吗?图 5 所示的这张照片的题记是当时由摄像馆所做,全文为“怡保三宝洞庆祝廾五周年并逢开山住持清心老和堂七秩寿大典摄摄纪念一九五一年七月廿七”。开山祖师和尚清心法师就坐在照片中央,这也是庆祝他七十寿的庆期,因此,我们接受这个史料的信度,并将三宝洞的建立定于 1926 年。

图 5 三宝洞庆祝开山廿五周年并逢开山住持清心老和尚七秩寿辰大典纪念照
(照片由开谛法师提供)

从广福岩微嘉法师的“穿越”铭刻铸记,到三宝洞清心和尚的大寿留影,文物的日期错置或可信之间,并没有一个准绳,而是需以常理去推敲和评估,有时需借助旁证。纵使面对史料的不确定性,历史仍需要史料去论证之。

四、英殖民官方档案与方言拼音

英殖民时期,华人大量从中国沿海迁移到马来亚,英档民档案中保存了不少有关华人的记录。爬梳殖民时期的档案需要耐心及专业能力,尤其是手写的文字，往往如同“天书”般使人却步。阅读这些档案需要长时间的浸淫和训练，无法一蹴而就。即使是打字的档案，虽然一目了然，但要全然弄懂可不那么容易，其中就涉及方言能力。

马来亚华人主要来自中国华南，主要的方言群有福建（闽南）、广东（广府）、客家、潮州、海南等。人们使用个别的方言发音记录名字，这种方言特质延续至今。例如，“陈”姓，使用“Tan”者多是福建人或潮州人，广东人一般发音是“Chan”，客家发音则是“Chin”，等等。

1895年，社团法令（Society Act）在霹雳实施的那一年，共有32个团体的名字出现在《霹雳政府宪报》（*Perak Government Gazette*），其中只有1个不是华人团体。在这31个是华人团体中，有80%～90%是庙宇组织。在政府宪报中出现的庙宇名称多数仅以拼音注册，要去找出对应中文名称是具挑战性的工作。因为当时并没有使用统一的拼音标准，而是以个别的方言发音进行注册。

图6是出现在1895年《霹雳政府宪报》的注册团体。在22个团体中，只有1个不是庙宇组织，即闲真别墅（Han Chan Pit Sui Club）。团体的注册名称都是采用个别的方言拼音，而当中可能又有笔误，如怡保的Yun Kan Miu，其实应是Kun Yan Miu，“K”和“Y”错置了。从注册的拼音名字来看，近打县是广东和客家人居多，“Miu”即是客家话和广东话的“庙”之意。在霹雳北部峇眼色海（Bagan Serai），潮州人为主的地区，就以Bio（庙）注册，1900年就有间名为Seng-ku Bio的庙宇见于宪报。

官方档案上的华人团体多数只有拼音，而没有注明中文名字，在对照上颇具挑战。笔者采取数种方法比对：

亲自到当地寻找。如图8中的Sim Su Kung位于甲板。笔者到甲板时，当地文史工作者刘锡康带领笔者到村口，指向荒草丛生之地，表示那是巽师宫，多年前已荒废。

交由当地人判断。例如，笔者曾以为峇眼色海的Seng Ku Bio是仙姑庙。后来，研究生连慧茵告知，峇眼色海并没有仙姑庙，但有间圣古朝。2019年，笔者和宋燕鹏博士到了峇眼色海的圣古庙，发现那里保有不少百年以上的文物，更确定1900年注册的庙宇就是圣古庙。

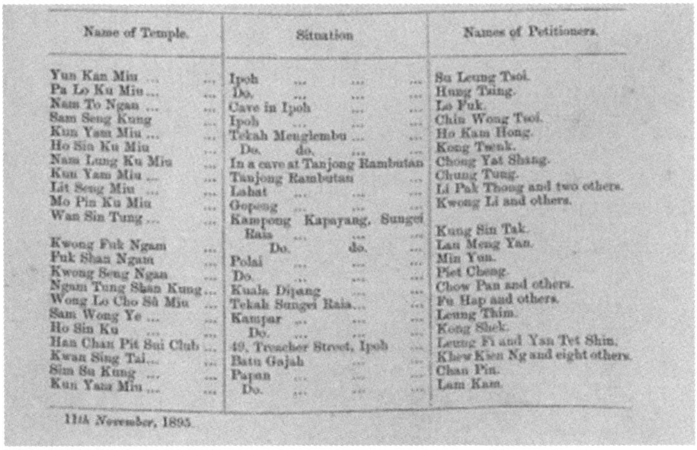

Name of Temple.	Situation	Names of Petitioners.
Yun Kan Miu	Ipoh	Su Leung Tsoi.
Pa Lo Ku Miu	Do.	Hung Tsing.
Nam To Ngam	Cave in Ipoh	Lo Fuk.
Sam Seng Kung ...	Ipoh	Chin Wong Tsoi.
Kun Yam Miu	Tekah Menglembu	Ho Kam Hong.
Ho Sin Ku Miu ...	Do. do.	Kong Tsenk.
Nam Lung Ku Miu ...	In a cave at Tanjong Rambutan	Chong Yat Shang.
Kun Yam Miu	Tanjong Rambutan ...	Chung Tung.
Lit Seng Miu	Lahat	Li Pak Thong and two others.
Mo Pin Ku Miu ...	Gopeng	Kwong Li and others.
Wan Sin Tung	Kampong Kapayang, Sungei Raia	Kung Sin Tak.
Kwong Fuk Ngam ...	Do. do. ...	Lau Meng Yan.
Fuk Shan Ngam ...	Polai	Min Yeu.
Kwong Seng Ngam ...	Do.	Piet Cheng.
Ngam Tung Shan Kung ...	Kuala Dipang	Chow Pan and others.
Wong Lo Cho Sü Miu ...	Tekah Sungei Raia... ...	Fu Hap and others.
Sam Wong Ye	Kampar	Leung Thim.
Ho Sin Ku	Do.	Kong Shek.
Han Chan Pit Sui Club ...	49, Treacher Street, Ipoh ...	Leung Fi and Yan Tet Shin.
Kwan Sing Tai... ...	Batu Gajah	Khew Kien Ng and eight others.
Sim Su Kung	Papan	Chan Pin.
Kun Yam Miu	Do.	Lam Kam.

11th November, 1895.

图 6　1895 年注册的部分庙宇
（资料来源：Perak Government Gazette 1895）

查阅 1895 年到 1909 年的《霹雳政府宪报》，共有 8 间岩洞庙宇向政府注册，如表 1 所示。表 1 中的注册名称和地点是依照《霹雳政府宪报》上的记录。在这些岩洞庙宇中，南道岩、广福岩、南道院（南天洞）和龙头岩现在尚存；南龙古庙已变成怡保创古藏传禅修中心；广圣岩在 20 世纪 50 年代紧急法令时期，从岩洞搬迁新邦波赖新村；《霹雳政府宪报》上的“Fuk Shan Ngam”，中文名称可能是福山岩，不过该间岩洞庙宇现已消失，无从查勘。

表 1　怡保注册的岩洞庙宇

年份	岩洞庙宇		地点	备注
	注册名称	中文名称		
1895 年	Nam To Ngam	南道岩	Cave in Ipoh	
	Nam Lung Ku Miu	南龙古庙	In a Cave at Tanjong Rambutan	现为怡保创古藏传禅修中心
	Wan Sin Tung	云仙洞	Kampong Kepayang, Sungei Raia	废弃
	Kwong Fuk Ngam	广福岩	Do.Do	
	Fuk Shan Ngam	福山岩（？）	Polai	消失
	Kwong Seng Ngam	广圣岩	Do.	搬迁到新邦波赖新村
1897 年	Nam To Yin	南道院		又名南天洞
1906 年	Lung Thau Ngam	龙头岩		

云仙洞的发现具戏剧性。2020年中国农历新年前，马来西亚理科大学考古所博士候选人通过面子书找笔者，表示某个史前的岩洞可能曾是庙宇。当年3月，笔者等人就与她前往勘察。我们穿过荒野之地，登上破损的石阶，进入墙体坍塌的山门。仰头看，数次石头上题有文字，表示此处为“云天岩”（图7），或“云天仙洞”等。现存年代最早的题记，是光绪甲辰（1904），题曰：“此地有崇山峻岭、茂林修竹”（图8）。这诗句出自《兰亭集序》，想必题字之人也是文人雅士。

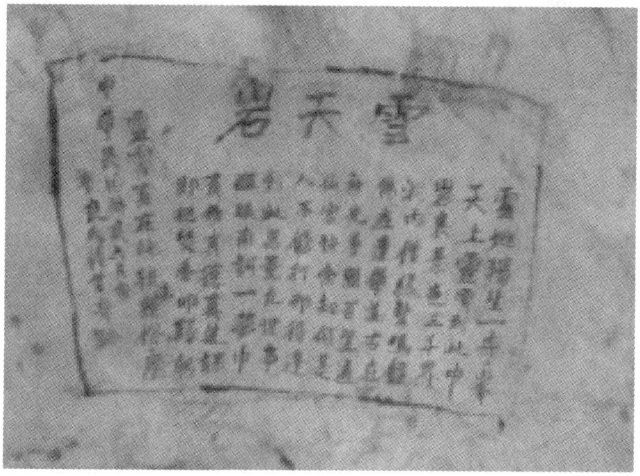

图7　云天岩题记（陈爱梅摄，2020年3月24日）

跟从考古学家从“秘境”回来后，笔者立刻翻阅《南洋华踪》，在第17页发现了“Wan Sing Tung”的注册，随后即将宪报上的地点传给考古学家。她表示这就是了。题记上的“云天岩”或“云天仙洞”，1895年注册当时取“云仙洞”之名，申请注册人是Kung Sin Tak，其中文姓名不详。可惜的是，云仙洞遭废弃的原因也不清楚，目前尚未发现任何线索。

官方档案是马来西亚华人历史研究重要的史料，除了雪兰莪和吉隆坡的档案外，许多州属第二次世界大战以前的资料尚未有比较完整的电子档或电子索引，所以从事档案研究还需有坐冷板凳功力。解读档案上的名字是另一种挑战，不能以字典、音标或任何标准去衡量和解读，因为注册官往往就只是根据注册者的发音记录和书书下来，并没有一套标准。更何况，百余年前的马来亚华人社会，“国语”（即汉语普通话）并不普及，人们还是以各自的方言进行注册。在解读这些档案时，虽然方言能力也关键，但若能到当地去寻找答案，那才可能更接近事实。

图 8　光绪甲辰的题记（陈爱梅摄，2020 年 3 月 24 日）

五、小结

19 九世纪，兰克（Leopold von Ranke ，1795—1886）开启近代以史料为基础的历史（source-based history）学科。20 世纪初，傅斯年（1896—1950）在历史研究上提出："上穷碧落下黄泉，动手动脚找东西。" 虽然中国有文史哲不分家的传统，但在今日，历史作为一门学科，在研究关怀和方法论上必有其专业的讲究和侧重。其中，对一手史料的搜寻，解读和运用尤为关键。

怡保岩洞庙宇的研究就是进行最基础的史料汇整工作。史料的搜集包括马来西亚学学院派历史学界最讲究，但以中文治史忽略的档案。研究团队沿着山脉寻找未曾记录在案的岩洞庙宇，也收集了被学界忽略的岩洞庙宇碑铭。此外，团队成员甚至远赴中国祖庭，寻找岩洞创办人的蛛丝马迹。喜见被马来西亚佛教界忽略的微嘉法师，在福建莆田梅峰光孝寺尚存有他留下的事迹史料。不过,光孝寺在1991年重铸云板时,竟刻上是由微嘉法师所立。这或是重铸破损旧物?史学研究的目的在于寻找真相,但纵使被马来西亚治史者视为珍宝的铭刻,也需多方面的比照审视。此外,旧照片或绘画的年份题记,也帮我们解答一些关键的问题。

本文在最后也提到官方档案的难题以及方言的运用。今日的马来西亚华人社会,方言式微,且有被污名化的现象。殊不知,方言也是一门学问,以方言拼音命名更是马来西亚华人特质的历史纽带。

研究马来西亚华人史,我们该做的,是先把资料都找出来,才有相互比较和对照的依据。

从环境负载力的角度看 19 世纪拿律矿区华人社会的冲突

白伟权
（马来西亚新纪元大学学院中文系）

一、问题缘起

19 世纪可说是马来半岛的大开发期，吸引大量的华人移入。当时整个马来半岛的华人社会关系并不安宁，经常发生大大小小的械斗事件。这些冲突主要分布在锡矿产区，冲突与对立似乎是当时矿区华人社会的常态。其中最严重者，要数马来半岛北部的拿律。

拿律是 19 世纪中叶马来半岛各土邦中最大的锡矿产区①，地位极为重要。在拿律采矿的华人分属义兴和海山两大阵营。两大阵营长久以来对矿产资源的竞争，加上卷入马来统治阶层的政治纠纷，进而在 1861 年、1865 年以及 1872 年，连续发生了一系列的械斗事件，史称“拿律战争”。

这场冲突不仅是华人之间的械斗，它更影响了马来西亚近代历史发展的转折。事件最终迫使英国放弃对于马来土邦一贯的不干预政策，而逐步介入各土邦的政治，最终将马来半岛纳入殖民版图。这场战争规模之大，造成无法估计的人命和财物损失，也成为马来西亚华人移民史上重要的历史过程。

拿律战争重大的历史意义，也使得它成为许多人的研究对象。除了讨论战争的过程之外，学者们更关心的是两大对立阵营的人群组织方

① 1877 年，拿律所产的锡占了新加坡该年锡矿出口额的 74.6%，占了马来亚各土邦输往槟城锡矿的 98.2%。见 Patrick Doyle, *Tin Mining in Larut*, London: E. & F. N. Spon, 1879, p. 23。

式，也就是两群人究竟因为什么样的联结关系而组织在一起，形成内聚力强，对外界限分明的生命共同体。

针对此一命题，目前对于拿律战争的理解方式主要是从方言群、地缘群的角度出发，强调华人本身在文化、语言、地缘等身份上的同质性如何影响人们群组织的分类。抱持此一观点的学者主要有Skinner①、Wynne②、陶德甫（Dratford）③、许云樵④、陈铁凡⑤及周建全⑥。他们认为拿律战争背后实际上牵涉了广府和客家的分群矛盾，加上会党争夺矿区而引发。高丽珍更认为，拿律义兴和海山冲突的背后，很大程度上是广府和客家移民在原乡“土客战争”的延烧。⑦现今主流社会对于拿律战争

---

① Skinner提及义兴和海山的组成分别为广府人和客家人，这场战事其实来自族群上的冲突，甚至可说是广东土客战争的延伸。见C. 1111 Correspondence relating to the affairs of certain native states in the Malay Peninsula, in the neighbourhood, 1874, pp. 74-75, 120-121。

② Wynne也赞同Skinner的说法，因此他的叙述是引自1874年英国殖民官员Skinner的报告书*Précis of Perak Affairs*，见Mervyn Llewelyn Wynne, *Triad and Tabut: A Survey of the Origin and Diffusion of Chinese and Mohammedan Secret Societies in the Malay Peninsula, A. D. 1800-1935*, Singapore: Government Printing Office, 1941, pp. 261-262.

③ 陶德甫认为，会党的仇杀是当时华人的特性，但他特别强调两个会党本身的身份属性，拿律战争便是一个客家会党与另一个广府会党因为竞逐资源的斗争，见陶德甫：《马来亚史略》，许云樵译，新加坡：联营出版有限公司，1959年，第132页。

④ 许云樵认为，“两党帮派不同，积不相容”，而所谓的帮派，即是由广东四邑人所组成的义兴，以及客家人和福建人所组成的海山公司。见许云樵：《马来亚近代史》，新加坡：世界书局，1963年，第159页。

⑤ 陈铁凡认为这些帮派都是“依方言之异”，掌握这一要素，对于历次械斗就易具体的多，而拿律战争便主要四邑帮和客帮之间的斗争。见陈铁凡：《帮派消长离合与华巫文化的交融》，屈万里先生七秩荣庆论文集编辑委员会编：《屈万里先生七秩荣庆论文集》，台北：联经出版事业公司，1978年，第167-188页。

⑥ 周建全认为：“基于籍贯的不同，当海山公司成立时，即与义兴派抱着仇敌的态度，故前来拿律开矿的华工均与会党组织有关，不是属于海山便是义兴”，见周建全：《华侨拓殖太平埠发轫：海山义兴两党拿律血战经过》，太平仁和公所编：《马来西亚太平仁和公所庆祝成立壹佰周年纪念特刊》，太平：太平仁和公所，1985年，第242页。

⑦ 高丽珍的观点来自刘平的说法，刘氏认为土客战争跨海延烧，酿成海内外华人社会的悲剧。高丽珍也在槟城咸丰十年（1860）广汀公冢的《广东省暨汀州众信士新建槟屿福德祠并义冢凉亭碑记》碑文中得知，主事者刻意规定了义兴、海山、宁阳各馆的扫祭时间，隐约透露出“山雨欲来”的征兆，此内容对应了华人原乡正在发生的土客战争。见刘平：《被遗忘的战争：咸丰同治年间广东土客大械斗研究》，北京：商务印书馆，2003年；高丽珍：《马来西亚槟城地方华人移民社会的形成与发展》，博士学位论文，台北：台湾师范大学，2010年，第175-176页。

两大对立群体的理解方式，也大多受到此论述的影响。[①]

综上所述，学界对拿律械斗的解读主要着重于从本质论的角度出发，强调方言群对于社会关系的影响。本研究并不否认本质身份对地方社会的影响，只是希望从另一个角度来讨论早期华人社会关系的形构，以充实马来西亚华人研究的完整性。

有鉴于当时华人南来的最主要目的乃是为了谋生与逐利，拿律两大阵营争夺锡矿资源的冲突正好符合此经济性的目的，而目前有关锡矿产业与社会相互关系的讨论仍阙如，因此本研究拟借用地理学中环境负载力的概念（carrying capacity）来理解早期拿律华人社会的冲突关系，即 19 世纪中叶的锡矿产业如何经营，如何形塑出一地的社会特色，锡矿资源与社会间的平衡关系如何促成紧张的社会关系，拿律华人任何回应与调节。在讨论过程中，本研究也会以实际的历史经验来佐证本研究所提出的解释架构。

二、环境负载力的概念

环境负载力，也称土地赡养力，是地理学人－地传统（man-land tradition）中的重要概念。[②] 此一名词原来是由生物学及生态学发展而来，所讨论的是栖息地（habitat）的资源供应与栖地消费者需求之间的关系。[③] 因此，每一个特定组成的环境都能够养活特定数量的栖息生物，但倘若生物的数量超过该环境的负荷或所能提供的生存要素，便会使环境急遽崩解（crash）。[④] 原则上，在资源量较多或面积较大的环境，能有较高的环境负载力，能够养活的生物量较多，拥有较高的环境负载力；

① 《拉律最早期私会党战场风霜 160 年　血地今太平》，《中国报》2013 年 9 月 4 日，引自 http://www. chinapress. com. my/node/454654。

② 人－地传统是地理学四大传统之一。见 D. William Pattison，“The four Traditions of Geography”，*Journal of Geography*，Vol. 63，Issue 5，1964，pp. 211-216。

③ 即特定单位面积的环境或栖地，所能供养及养活的生物量。

④ McCarthy，“Carrying capacity”，in Gregory，D.，Pratt，G.，and Watts，M.，eds. *The Dictionary of Human Geography 5th edition*，Singapore：Wiley- Blackwell，2009，p. 65.

反之,则较低。[①]

除了动物界之外,环境负载力的概念也经常延伸至人与环境互动的平衡关系讨论中。英国政治经济学者马尔萨斯(Thomas Robert Malthus)于1798年所提出的《人口论》(*An Essay on the Principle of Population*)便是有名的例子。《人口论》关注人口与粮食之间供需不均的议题,指出全球人口增长速度将远超粮食资源的生产速率,因此预计当人口数与粮食资源达到完全平等的极限之后,便会出现饥荒、贫穷、疾病等,甚至是战争。[②]

除了马尔萨斯之外,1819年法国经济学家西斯蒙蒂(Julien Sismondi)也提出类似的概念,即一个国家的人口规模必须是能与经济和其他资源达到平衡的关系,以维持最佳的经济利益。[③] 资源与社会的失衡并不完全取决于资源与使用者的量本身,生产技术本身也是影响环境负载力的因子。[④]

由上可知,在环境负载力的概念当中,十分强调消费者与栖地资源之间的平衡关系,但是两者之间的关系并非固定不变,而会因为资源形态、技术、经济形态、人口、国家形态等环境的动态变化而产生变化,进而形塑出不同属性的环境。在拿律,锡矿产业即是环境负载力所谈的"资源"。下面,本研究将讨论锡矿本身的特性及其经营形式,以便了解

---

① 一般而言,环境负载力共可分为三种不同的情境:环境负载力大于消费者需求,环境负载力等于消费者需求,环境负载力小于消费者需求。这三种情境意味着增长(growth)、限制(limitation)与危机(crisis)。见 E. Robert Dewar, "Environmental Productivity, Population Regulation, and Carrying Capacity" *American Anthropologist*, Vol. 86, No. 3, September 1984, p. 601.

② 马尔萨斯的论点提出之后,有许多的环境保护论者也继承了他的理论,强调地球已经不能承受太多的人,以避免生存资源的耗尽,而主张控制人口的政策。例如 Ehrlich 的 *The Population Bomb* 以及 Meadows 等人的 *Limits to Growth*。见 Ehrlich, R. Paul., *The Population Bomb*, London: Pan Books, 1971; Meadows, H. Donella., Meadows, L. Dennis., Randers Jørgen., and Behrens Ⅲ, W. William, *The Limits to growth: A Report for the Club of Rome's Project on the Predicament of Mankind*, New York: Universe Books, 1972.

③ C. H. Wickens, "Carrying Capacity and Population Optimum", *Journal of the Australian Population Association*, Vol. 5, Supplement 1, March 1988, pp. 163-184.

④ 西斯蒙蒂认为只要有更好的灌溉技术、栽植技术,便能提高粮食的产量,增加环境负载力。见 Brian Hayden, "The Carrying Capacity Dilemma: An Alternate Approach", in Sewdlund, A. C., ed. *Population Studies in Archaeology and Biological Anthropology: A Symposium*, Society for American Archaeology: Washington, D. C., 1975, pp. 11-21。

人们赖以为生的“资源”如何造成拿律紧张的社会关系。

三、锡矿的资源特性

采矿业与农业一样,都是人们直接从土地上获取资源的产业。矿业与农业最大的不同点在于,矿业所仰赖的资源——锡矿,它的采取速率,远远超过其形成的时间,因此在形态上属于不可更新资源(nonrenewable resource)。不可更新资源由于具有有限性,资源随时可能在无法预知的情况下耗尽,因此不稳定性相当高。在矿场开挖完毕之后,采矿业者便需要另寻他处继续探矿。另外,锡矿业属于资源指向型产业,使得开矿地点受到资源分布的限制,这类维生活动的土地附着性高,无法任意选择营业地点。

由上可知,虽然19世纪华人所经营的锡矿业相对于农业而言属于高利润的产业,可以养活大量人口。但是锡矿资源本身的有限性、不稳定性以及分布的局限性,其实也增加了经营者的挑战。

四、19世纪拿律锡矿的运作方式及特色

锡矿产业虽然不稳定性高,但是高额的利润还是吸引了具有冒险精神的华人前往逐利。华人在来到拿律之后便开始开办矿场。

(一)择地与矿场的开办

华人会先寻找适合开矿的点位。根据Pasqual于19世纪末的记载[①],华人十分重视矿地的选择,在择地以前必须要请风水先生(sin-sang)[②]勘定适合开矿的地点。在选择适合的地方之后,开矿者就需先进

① Pasqual所记录的矿区是雪兰莪矿区。但由于拿律与雪兰莪两地的开矿者都是同一群客家人,并且在Pasqual的记载中也提及,雪兰莪许多矿区的运作都是承袭自拿律的经验。因此Pasqual的记录应有某种程度的代表性。

② 这些英文字都是Pasqual所拼写的各种矿业术语。由于这些矿业术语多是以客家话发音,符合本研究讨论对象的语境,因此予以记录并以中文表示。这些拼音的中文意义本研究系经过与马大中文系潘碧丝高级讲师(高要客)、蔡冠群先生(河婆客)、邹雁慧老师(潮州揭西客)、苏美红老师(大埔客)等人的讨论之后汇整而成,在此一并致谢。

行拐沙的探矿工作。[①] 一般而言，拐沙工作至少需要5～8个人进行，其中4～6个人站在竹管或木管中间的平台上，另外两个人则在旁扶着并旋转平台，配合平台上的人的体重重力将木管插入土中。一般而言，探矿时会同时超过一组人在进行拐沙。

在确定开办矿场的位置之后，矿主便会顾人清芭[②]，然后委托建商建筑公司厝和苦力屋。在完成公司厝的建造、各种设备添置齐全后，才开始开矿的工作。

开办矿场并非易事，上述流程所牵涉的每一个环节都不可避免地需要耗费相当高的成本。根据在1880年的观察，若要在拿律开办要开一个规模为600名苦力的矿场，在不计矿地租金且尚未有任何产出的情况下，其开办成本已高达2 472元。[③] 这些成本包含建造公司厝、[④] 工寮、熔锡寮、矿地鹰架(30%)，建造水道和采购采矿工具(15%)，建造熔锡设备(12%)，占比最高的是引进劳工(43%)。2 472元对当时而言，可以是一个苦力连续无休工作27年，每天不吃不喝不赌不嫖所得的薪水了。[⑤] 由此可知，开办矿场可说是一个大规模的商业投资。

---

① 拐沙其实相当于现今的钻孔探测，即将一根空心的竹管垂直插入土地之中，让其中间空心的部分灌满砂土，最后再将它拔出剖开，检查地底下的土层是否有锡矿层。拐沙虽然未收录在Pasqual的记载当中，但是马来亚华人矿务总会和对于邦加岛华人锡矿的研究确实有这个过程。见马来亚华人矿务总会编:《马来西亚华人锡矿工业的发展与没落》，怡保：马来亚华人矿务总会，2002年；Mary F. Somers Heidhues, *Bangka Tin and Mentok Pepper: Chinese Settlement on an Indonesia Island*, Singapore: Institute of Southeast Asian Studies, 1992.

② 清芭：清除森林。

③ J. de la Croix Errington, *Les Mines d'Etain de Pèrak* [Tin Mines of Perak], Paris: Imprimerie Nationale, 1882, pp. 31, 64-65.

④ 建造的费用是按照柱子(shu-teu，树头)或是柱子的间隔(ken-vook，间屋)来加以计算，一根柱子要价13～14元，以柱子间隔计价的话则是每个间隔15元。见Pasqual, Joseph Christopher, "Chinese Tin Mining in Selangor I", *The Selangor Journal: Jotting Past and Present*, Vol. 4, No. 2, October 1895, pp. 26-27.

⑤ 在Doyle的记载中，拿律矿区给苦力的薪资每是月6～8元。若以6元计的话，则合工作24天每天25仙的价格。见Patrick Doyle, *Tin Mining in Larut*, p. 10。

（二）锡矿的生产实践

在19世纪，无论是拿律还是其他地区，整个锡矿生产过程中都无可避免地牵涉到四大工序：挖掘、抽水、淘洗及熔锡。[①]

1. 挖掘

挖掘是采矿的最初始工序，苦力需用锄头挖隔沙[②]（karang）并将沙装进扁担（kandar[③]）里，再将扁担挑到某处卸下，再回来装载隔沙。[④]挖掘是锡矿生产中最耗费人力的工作，大部分的人力都用在这个工作上。因此，挖掘所花的成本也是最高的，若以按件计酬移除一个奥林匹克游泳池大小[⑤]的隔沙的话，便需耗费约4 905元的成本。[⑥]

2. 抽水

低洼的矿地由于经常出现积水的问题，因此必须将水抽走才能继续进行开挖的工作。拿律许多大规模的采矿场都会备有一种叫“转车”（chin-chia）的抽水设备，通过转车上方的转动，将坑底的水带到上方排走。转车的建造成本不菲，每台要价250元，每年还必须花150元维护翻新。[⑦]

3. 淘洗

淘洗是令泥土与锡沙分离的工序，苦力将含有锡苗的泥沙倒进金山

---

① 在一些地下水位较低，排水良好的山坡地，采矿过程比较不会有抽水的流程。另外，小规模经营的采矿方式如山沙及打窿，只是专注于汲取锡苗，不会自己熔锡。见Doyle, Patrick., *Tin Mining in Larut*, London: E. & F. N. Spon, 1879, p. 12。

② 隔沙也称沙口，意为含有锡苗的泥土。马来亚华人矿务总会编：《马来西亚华人锡矿工业的发展与没落》，第88页。

③ kandar是马来话，许多马来半岛工作的华人移民经常会在语言中掺杂到当地的土著语言。

④ C. 1320 Further correspondence relating to the affairs of certain native states in the Malay Peninsula, in the neighbourhood of the Straits Settlements, 1875, p. 74.

⑤ 一个奥林匹克游泳池容积约2 500平方米。

⑥ 按件计酬的话，18立方英尺（约0.51立方米）的成本需要1元。见Doyle, Patrick., *Tin Mining in Larut*, London: E. & F. N. Spon, 1879, p. 16。

⑦ Patrick Doyle, *Tin Mining in Larut*, p. 19。

沟(lanchut)[①]内,然后引河水进入,这时,约3名苦力将会站在沟内用锄头对流水中含有锡苗的泥沙加以搅拌,令较轻的泥沙顺水流走,留下较重的锡沙。淘洗112.5立方英尺(约3.19立方米)的隔沙成本是1元,因此,若淘洗一个奥林匹克游泳池大小的隔沙的话,所需成本约785元。

4. 熔锡

锡矿生产的最后一道工序,锡米熔制成条状的锡帛[②]。熔锡工作一般上全年都在进行,每次熔锡需要3个人负责灌风。这些人每小时轮班,一般上共有两组人日夜轮值。熔解的锡浆再由工人舀入铸模。[③]在公司厝的熔锡成本中,每32担锡沙的熔锡成本为46.22元。其中,火炭占了很大的比例,约达77%(35.67元)。一些规模较大的锡矿公司也会自行开办专门的熔锡厂,除了能获得规模经济之外,还能收购其他小矿场的锡砂。锡苗熔成锡块之后,最终会运往槟城的贸易商及洋行手中,然后再转口输出世界市场。

从上述矿场的开办以及锡矿生产的过程中,可以得知锡矿生产本身具有劳力密集、资本密集和高度分工的三大特性,因此不难想象拿律会因锡矿产业而出现极高的人口社会增加,并且拥有非常高比例的矿业从业人口。

五、锡矿产业形塑下的矿区社会

在19世纪中叶,华人所处的拿律其实是马来半岛霹雳土邦底下的马来封地该封地主要系由苏丹所分封的封地主(贵族)所管辖。在整个霹雳的封地体系中,同样阶级封地主之间的权势高低很大程度上也取决于财力的多寡。因此封地主会积极利用采邑内任何能够生产财富的资

---

① 该装置长约20～30尺(1尺≈0.33米),阔约2尺,当中由多个约2～3尺宽、1～2尺深的木格子。

② 锡帛也称锡条。

③ Patrick Doyle, *Tin Mining in Larut*, pp. 19-20。

源。[1]1848年拿律封地主发现锡矿之后，便招来拥有较高生产技术的华人，并且以全权委托的方式让华人自行经营，他们仅定期收取贡金。因此在社会上，当时的马来封地主更加倾向于让华人自我管理。马来王国体制下的拿律华人社会便是在此背景中形成、运作。

在矿区社会内部，锡矿产业劳力密集、资本密集和高度分工的三大特性也影响了矿区社会的组成。对于拿律矿区华人社会的组织形态，笔者曾撰文讨论[2]，在此将简述锡矿产业特性与华人社会组织形态的关系。拿律矿区华人社会以"港门(Kong Moon)[3]"为单位，分作吉辇包和新吉辇两大港门。前者由海山公司所控制，后者则由义兴公司所控制。新吉辇也作"新港门"。此一称法沿用至今。每个港门都是以"港门主[4]"为首，由多家锡矿场所组成的矿区，因此面积相当大。

港门主在取得矿区后，需要每年或每季向马来封地主缴纳租金。[5]因此他取得偌大的矿区之后，便会招徕矿主进入探地开办矿场(锡矿公司)，将港门内的土地分租给这些锡矿公司。前来承租港门矿地开办矿场的经营者称为矿主或山主，矿主以抽租的方式向港门主纳租[6]，地租的计算方式是抽取产出锡矿产值的10%。

对于矿主而言，锡矿产业资本额巨大，当中牵涉到大量的劳工成本

---

① 像是下霹雳的马来贵族便是借由美罗河和巴登峇当河流域一带的锡矿资源致富。

② 见 Pek Wee Chuen, "The Kong-Moon System in Larut: Chinese Social Relationships in Nineteenth-Century Perak", *The Journal of the Malaysian Branch of the Royal Asiatic Society*, Vol. 94, Part. 1, No. 320, June 2021, pp. 25-50。

③ Pasqual 的记载中主要是针对港门的首领—港门主进行解释，指说港门主是控制整个流域或矿区的人。见 Joseph Christopher Pasqual, "Chinese Tin Mining in Selangor Ⅲ: Phases and Phrases of Practical Mining", *The Selangor Journal: Jotting Past and Present*, Vol. 4, No. 8, December 1895, p. 136。

④ 港门主一词最早出现在 Pasqual 的记载，音译为"kong-moon-choo"，是向马来封地主承包整个大矿区并且定期纳贡的人。见 Joseph Christopher Pasqual, "Chinese Tin Mining in Selangor Ⅲ: Phases and Phrases of Practical Mining", p. 136。

⑤ Pasqual 列举了叶亚来便是吉隆坡港门主的案例。见 Pasqual, Joseph Christopher, "Chinese Tin Mining in Selangor Ⅲ: Phases and Phrases of Practical Mining", p. 136.

⑥ C. 1111 Correspondence relating to the affairs of certain native states in the Malay Peninsula, in the neighbourhood, 1874, p. 149.

（含苦力招募、粮食供应与工资）①、搭建房舍及引水设施成本、探矿与开挖成本。在矿场尚未获利之前，矿主首先需要付出大笔的资金。因此，矿主一般也会透过集资来解决资金的不足。一般而言，拿律矿主会在槟城寻找其他的股东或头家来加入这项投资计划②，许多矿场都有一个以上的股东，参与集资的股东称作“缴主（Kiow-Choo）③”。拿律缴主大多不在地，他们一般多是居住在槟城等港市，是财力雄厚的贸易商、生意人、企业家、船主（船运商）、资金借贷者或饷码主。拿律的港门主大多同时也兼具缴主的角色。

事实上，缴主可以被理解为一般的生意人，只要有利可图的产业都是他们投资的对象。矿主之所以能够吸引缴主的注资，其原因主要在于注资过程中，他可以享有两项重大的利益。

其一，以低于市场价格保证收购投资矿场的锡矿。以19世纪70年代中期的拿律为例，缴主有权获得矿场盈利的10%，并且能够以低于市价的4%的价格④购买矿场产出的锡矿。⑤若是一些向港门主借贷资金，且透过港门主安排水源的矿主，甚至需要缴纳20%的锡矿产出予港门主。⑥

其二，有权垄断矿场的鸦片、酒、赌、粮食等日常必需品的销售。矿

---

① C. 1111 Correspondence relating to the affairs of certain native states in the Malay Peninsula, in the neighbourhood, 1874, p. 161。

② C. 1111 Correspondence relating to the affairs of certain native states in the Malay Peninsula, in the neighbourhood, 1874, p. 149。

③ “kiow-choo”的汉字对应“缴主”可以在1925年Foo Wha Cheng所编辑的*The Directory of Chinese Tin-mines in the State of Perak 1925*（《霹雳华侨矿商集》）一书中找到。缴主的英文意译是“advancer”。见Foo Wha Cheng ed. , *The Directory of Chinese Tin-mines in the State of Perak 1925*, Penang: The Perak Mining & Planting Association, 1925。有关缴主的说明可见Pasqual, Joseph Christopher, “Chinese Tin Mining in Selangor Ⅱ: Labur and Labour”, *The Selangor Journal: Jotting Past and Present*, Vol. 4, No. 3, November 1895, p. 43。

④ 大约是每bhara 2元的价格。bhara为锡矿常用的重量单位。1 bhara=400磅≈181千克。

⑤ Doyle, Patrick. , *Tin Mining in Larut*, London: E. & F. N. Spon, 1879, pp. 9-10.

⑥ 安排水源及提供资金的案例主要来自吉輦包里头四邑人所经营的矿场。当时吉輦包的港门主就是郑景贵。见Swettenham, A. Frank, *Sir Frank Swettenham's Malayan Journals, 1874-1876*, Kuala Lumpur, New York: Oxford University Press, 1975, p. 11。

场一般会规定矿工不能向矿场以外的市镇或村落购买该矿场能取得的物资[①]，而这些物资都由缴主以高于市价的价格卖至矿场，例如在1862年，唐烟草（Chinese tobacco）在槟城售价为15仙，但到了拿律价格则要卖50仙。[②]以1875年拿律的日常必需品价格为例，白米、鸦片等物资便较市价贵了200%~300%。这样的制度使得缴主在日用品提供的回酬利率高达每年36%。[③]因此可以见到，许多的杂货商、粮食商、鸦片商、特许经营业者都纷纷注资拿律。这些居住在海峡殖民地贸易港市的商人透过投资拿律矿场来扩大本身的商品销售市场，同时也因为本身所提供的服务，进而与拿律矿场产生联结关系，成为锡矿产销体系的一环。

由此可见，锡矿产业本身资本密集、劳力密集、高度分工的特性，促成了华人矿家的集资需求、锡矿生产与销售路径上的各种分工，来回应锡矿产业的特性，进而形成各种相互关联的角色。值得注意的是，这些角色的命运都绑在拿律的矿场或港门之上，形成庞大的利益集团。

六、紧绷的环境负载力

本研究在上文中已讨论了锡矿资源及产业本身的特性，以及19世纪的华人经营者如何彼此合作，来回应锡矿产业的特性。本节研究将讨论拿律华人社会的持续发展如何引起社会与锡矿资源的失衡，造成环境负载力的崩解。对于此一过程，研究将从人口、技术与环境、社会形态以及利益集团四个方面来讨论。

（一）持续增长的人口

锡矿产业由于获利甚高，且一个矿源丰富的大型矿场可以吸纳的劳工也相当多。根据英国工程师Doyle的调查，以拿律战争结束之后不久

① Joseph Christopher Pasqual, "Chinese Tin Mining in Selangor Ⅱ: Labur and Labour", *The Selangor Journal: Jotting Past and Present*, Vol. 4, No. 3, November 1895, p. 46.

② 此数据是1862年第一次拿律战争英国人封锁拿律河口期间，向过往船只所取得的口供而来。见CO273-5 Straits Settlements, Original Correspondence, p. 489。

③ Doyle, Patrick, *Tin Mining in Larut*, p. 9.

的情况而言，当地矿场平均有 86 名苦力，一些大规模的矿场其苦力人数甚至可以达到 600 人。[①] 因此，矿业地区单位土地面积的赡养力远大于农业地区。故不难想象，自拿律发现锡矿以来，吸引了不少人前去开矿。

然而必须注意的是，拿律的人口增长是渐进式的。举例而言，拿律在 1848 年马来封地主发现吉辇包矿区之后，马来封地主招来了 20 名增城华工前来开矿。[②] 此时的矿场家数及人口应该不多。在义兴主导的新吉辇矿区方面，到了 1852 年前后，即拿律发现锡矿的首 4 年间，新吉辇的采矿场（Klian）也只有 11 个；[③] 但在 1851 年至 1859 年间，新吉辇至少就增加了 15 家矿场（表 1）。到了 1864 年，新吉辇的矿场家数已至少增加到 40 家[④]了。[⑤] 由此可见，在 12 年间该矿区的矿场成长了近 4 倍。

表 1　第一次拿律战争中受影响义兴矿主的投资时间

进入拿律的年份	矿主姓名
1851 年	Ung Ah Sin、Li Ah Foy（李占魁）
1852 年	Wu Ah Chong、Chin Ah Kow
1853 年	Chun Ah Kew
1854 年	Chan Ah Kew、Yi Ah Sin
1855 年	Ung Kang Seng
1856 年	Leong Ah Tiam、Yi Ah Tak、Han Lim
1857 年	Chun Ah Sek
1858 年	Chin Tai Seng
1859 年	Ung Bun Chium、Li Tek Chong

资料来源：CO273-5 Straits Settlements, Original Correspondence, pp.493-501

从矿场的家数的增加也能够得知，当地的人口也属于增加的趋势。拿律封地主 Ngah Ibrahim 就曾于 1873 年表示，当地的人口每年增长数

① Doyle, Patrick, *Tin Mining in Larut*, p. 7.

② C. 1320 Further correspondence relating to the affairs of certain native states in the Malay Peninsula, in the neighbourhood of the Straits Settlements, 1875, p. 69。

③ CO273-5 Straits Settlements, Original Correspondence, p. 493。

④ 惠州义兴领袖苏亚祥曾在当时代表义兴系统的 40 家矿场公司控诉马来封地主，由此透露了该时期的矿场家数。

⑤ CO273-15 Straits Settlements, Original Correspondence, p. 325.

量高达 2 000～3 000 人。[①] 到了 19 世纪 70 年代中期，拿律华人人口暴增。1874 年底霹雳副参政司 Speedy 上尉提呈给海峡殖民地总督克拉克（Sir Andrew Clarke）的拿律报告书中提到，当时拿律华人总数已经达到约 26 000 人，约占霹雳王国总人口数的 79%，数量已远超过当地的马来人。[②] 查 1881 年，整个威省华人人口的总和，也只有 22 000 多人，[③] 因此这样的成长数字对当时而言已经相当惊人。对于不断成长的人口依赖具有有限性及不稳定性的锡矿资源，增加了社会与资源失衡的可能性。

（二）技术与环境限制

面对资源的不可更新、局限性和不稳定性等问题，当时的人们仍然没有更好的生产技术能加以克服这些问题，因此生产技术落后也成为另一项容易引起矿区纠纷的因子。1870 年代中在霹雳副参政司 Speedy 上尉的施政报告中，便认为华人的工作方式与英国的相比，是极度没有效率（"Inefficient in the Extreme!"）的。[④] 生产技术落后造成矿地不足的问题表现在排水技术的限制上。

由于早期矿区地理位置多局限在拿律山的谷口地区[⑤]，近山地区的地下水位一般都比较高，在此水文环境特性下，矿场无法深挖。一方面，矿主担心地下水会不断涌出，使矿场报废；另一方面，也担心天降大雨的时候，传统的转车无法在短时间内抽走大量的积水。根据记载，位在此处的

① C. 1111 Correspondence relating to the affairs of certain native states in the Malay Peninsula, in the neighbourhood, 1874, p. 149.

② 马来人人数为 7000 人，仅约占霹雳王国总人数的 21%。见 C. 1320 Further correspondence relating to the affairs of certain native states in the Malay Peninsula, in the neighbourhood of the Straits Settlements, 1875, p. 76。此外，根据 1872 年 6 月 15 日 Irving 的观察，拿律华人矿区约有 20 000～25 000 名华人。见 C. 1111 Correspondence relating to the affairs of certain native states in the Malay Peninsula, in the neighbourhood, 1874, p. 126。

③ *Singapore and Straits Directory*, 1881, p. 95.

④ C. 1320 Further correspondence relating to the affairs of certain native states in the Malay Peninsula, in the neighbourhood of the Straits Settlements, 1875, p. 73.

⑤ 早期容易被发现的锡矿都是位在河流出山口附近的冲积矿。

吉辇包和新吉辇,矿场的深度大多不超过6英尺(1英尺≈0.30米)。[①]这些深度不深的矿地往往在"开发完毕"之后就被华人弃置或售出,直到抽水马达及铁船技术被发明之后,这些旧矿地便由欧资锡矿公司继续开发。[②]此外根据田野调查,今太平湖(前为吉辇包港门)在干旱的枯水期时,深度确实不深。

此外,也因为矿业区局限在谷口地区[③],两大矿区中的各家矿场都有引水淘洗的需求。随着矿场家数的增加,谷口又属于水量较少的上游地区,在缺乏现代化工程技术建设水库的情况下,水源的供给将随着矿场家数和人口的增长而出现不足。[④]

综上所述,两大港门在地理位置上紧密相邻,因此在矿场无法挖深而必须呈水平方向扩张,加上土地所有权范围没有明确界定的情况下[⑤],位于港门交界地区的公司便容易引起土地纠纷。

(三)封闭的社会

19世纪中叶的拿律是一个相当封闭的社会,所谓的"封闭"具体表现在拿律产业部门以及人口的流动性之上。

1. 地方产业内容单一

19世纪中叶的拿律可称得上是一个典型的矿区社会,矿区社会的意涵在于当地的就业人口绝大部分都是从事锡矿产业。1865年,吉辇包

---

① C. 1320 Further correspondence relating to the affairs of certain native states in the Malay Peninsula, in the neighbourhood of the Straits Settlements, 1875, p. 73; Doyle, Patrick, *Tin Mining in Larut*, p. 17.

② 根据笔者查阅霹雳1929年的岁入图(Revenue Survey Map)—— *Perak 1929*(1英尺比2英里),新吉辇地区确实已经是铁船公司 Kampong Kamunting Dredging 的土地了。拿律的旧矿区如亚三古邦、都拜、甘文丁都有铁船的经营。

③ 因为拿律的锡矿属于冲积矿,因此锡矿发现的地区多位在沿山的谷口地区。

④ 在英治时期,政府将太平(前吉辇包)和甘文丁(前新吉辇)矿区旁的拿律山规划为集水区用地(catchment area)

⑤ 马来封地主当初在分配港门时,并未考虑港门之后扩张之后所将面对的问题,因此之后发生土地纠纷时,冲突两造均无法提出有力证据证明其土地所有权。见 A. Frank Swettenham, *Sir Frank Swettenham's Malayan Journals, 1874-1876*, Kuala Lumpur, New York: Oxford University Press, 1975, pp. 221-222, 226。

的人口已接近4 000人。其中,3 000人为矿工,占75%,另外700～800人可能从事锡矿相关的服务业。在惠州人为主的新吉辇,当地人口约2 200人,其中有2 000人从事锡矿相关行业。[①]根据1874年Speedy上尉的拿律报告书,拿律华人当中,从事采矿活动的矿工占了华人人口总数的4/5,其余的则是服务于矿工的铁匠、木匠、店员等。[②]

因此,锡矿对于拿律华人社会而言极为重要。换句话说,当地的经济和社会形成都是由锡矿业所驱动,产业部门单一,除了锡矿业之外,似乎没有其他产业部门可供这些华人转移。

2. 空间流动性的局限

拿律矿区其实是马来封地主发包制度下所形成,矿区的取得很大程度上取决于人与人的关系,矿区内部亦然,取决于矿主和港门主之间的关系。[③]华人在拿律不同港门之间的流动性虽然存在,但仍然受限。再者,当时本区域除了拿律之外,霹雳其他地区并无锡矿的发现,其他的矿业地带则位在其他马来王国的封地,例如雪兰莪、森美兰、马六甲内陆。这些矿区的头家和当地统治者早已拥有自身的关系体系,因此限制了人口的空间流动性。至少在几次的拿律战争之后,并不见拿律义兴或海山的领袖到其他地方去发展。

综合上述产业封闭以及流动空间的局限可以想见当时拿律社会的封闭性。即在拿律从事采矿的华人,若遇上矿产资源耗尽的情形,他们不仅难以转业,也难以往其他的地区流动。

(四)庞大的利益集团

在拿律的矿场实际上并不仅是矿主和底下的财富和苦力,一家矿场的背后经常因为集资、生产、销售(收购)关系而牵涉到许多的分工角

① 该份资料来自槟城义兴领袖的胡维棋的供词,他也是拿律缴主,见CO273-15 Straits Settlements, Original Correspondence, p. 387。

② C. 1320 Further correspondence relating to the affairs of certain native states in the Malay Peninsula, in the neighbourhood of the Straits Settlements, 1875, p. 77.

③ 例如血缘关系、地缘关系以及会党组织的关系。

色。在产业和社会高度叠合下，资金与商品的流动过程便将产销结构中拿律—槟城两地多家锡矿公司、收购商、熔锡厂、锡米店、粮食商、船运商等各个部件的角色紧密地串联在一起，形成一个以港门为单位的庞大利益共同体。这个共同体在本质上有着跨族群、区域合作，以及资本高度重叠的特色。

例如可以见到在拿律采矿，以增城人为主的海山和以惠州人为主的义兴，他们各自都有其结盟的公司组织。其中，增城人与槟城福建人为主的大伯公会及和胜公司合作。惠州人则与槟城泉州及新宁人为主的义兴、和合社合作。以海山而言，其合作伙伴大伯公会及和胜的成员都是槟城著名的富商，像是经营贸易、苦力贩运、鸦片以及熔锡事业的邱天德家族，从事船运、鸦片贸易的辜上达家族。此外，拿律的锡矿收购商及熔锡商几乎都是福建人和广府人所掌控，这些锡矿收购商几乎都是扮演资助矿场的缴主角色，由此可知，拿律客家人与槟城福建、广府富商之间的利益联结关系。

这庞大的利益集团对拿律矿场已有很大的投资，而这些投资模式经常是以预付资金而后透过锡矿产出来回收本钱和利润。此外，拿律矿场中的大量的苦力对于那些从事鸦片、粮食、饷码等生意的缴主而言无疑是庞大的市场。因此倘若锡矿资源的存量遭到威胁，将严重打击这些集团的利益。可以预见双方对于资源的争夺都抱持着不可失败的心态。

七、崩解的社会：实证经验

在1848年拿律华人社会形成之初，该地人口规模尚小，甚至还是一个鲜为欧洲人所知的矿区。[①] 在1852年前后，义兴矿区新吉辇的采矿场(Klian)也只有11个。[②] 因此矿区的生产资源尚足够养活土地上生活的

---

① C. 1111 Correspondence relating to the affairs of certain native states in the Malay Peninsula, in the neighbourhood, 1874, p. 120。

② 义兴矿场的数量资料是根据Ung Ah Sin于1863年所提供的口供，他于七八年前来到拿律，因此时间点应该在1851—1852年。见CO273-15 Straits Settlements, Original Correspondence, p. 493。

人们。

此外,拿律虽然分作两个港门,但是在土地尚能够承载人类活动的时期,两个港门的成员之间其实是如常交流的。根据资料,两个港门的契约劳工(苦力)在约满或还清债务之后,便能够自由地在两区矿场中找工作。[①] 在义兴矿区,义兴矿主聘请海山苦力的现象也相当普遍。

隶属不同派系的头家,也有出现跨港门开设店铺。例如在1864年,在吉辇包的100家店中,除了海山阵营的增城人(70～80家)、永定人(3家)、福建人(2家)之外,也可见到7家惠州人及3家嘉应人所经营的店家。[②] 此外,当时的吉辇包一带已约有近30家采矿场,除了增城人的20家矿场之外,惠州人的矿场就有3家,另外3家则是由增城人(海山)和惠州人(义兴)合伙经营。其中,一个合资经营的例子是义兴领袖李占魁(Li Ah Foy)[③] 和海山领袖李观贵(Li Kroan Kori)所经营的矿场。[④]

在惠州人为主的新吉辇,当地共有20家矿场。除了15～16家的惠州经营的矿场之外,也可见到3家增城人经营的矿场及1家福建人所经营的矿场。[⑤]

然而,在这群先民的耕耘下,拿律锡矿的市场占有率日渐增加。到了1855年前后,这里已经成为本区域重要的锡矿产区。随着越来越多商业公司的投资和人口的移入,拿律地区的土地赡养力开始出现紧张的

① 例如1861年义兴矿主及行扛如 Chin Ah Kow、Wu Ah Chun、Li Ah Foy、Chan Ah Chen、Lee Ah Su、Ham Lin、Yi Ah Sin 底下也有雇请海山公司成员。见 CO273-5 Straits Settlements, Original Correspondence, pp. 467, 497-501。跨足其他阵营矿场寻找工作的叙述,也可见李永球:《移国:太平华裔历史人物集》,槟城:南洋民间文化2003年版,第190-191页。

② 另外2家属海南人所经营,唯海南人所属的阵营不详。

③ Li Ah Foy 也是在1873年5月3日向英国政府的义兴领袖之一。对照黄存燊的义兴领袖名单比对,他就是李占魁。见 C. 1111 Correspondence relating to the affairs of certain native states in the Malay Peninsula, in the neighbourhood, 1874, pp. 146-147;黄存燊:《华人甲必丹》,新加坡:国家语文局,1965年,第108页。

④ CO273-5 Straits Settlements, Original Correspondence, p. 498.

⑤ 该份资料来自槟城义兴领袖胡维棋的供词。见 CO273-15 Straits Settlements, Original Correspondence, p. 387。

局面。1862年,即拿律矿区开发的第14年,这里终于发生第一次因为生产资源争夺而爆发的大规模冲突。

1. 第一次拿律战争:抢水

第一次拿律战争的爆发主要源于生产资料——水源的争夺。水源在锡矿生产过程中不可或缺,主要用以淘洗隔沙。根据英籍工程师Doyle在拿律的调查,产锡过程中若没有水或水源不足的话,会使耗费大量劳力所挖掘的隔沙[①]毫无利用价值,届时所付出的成本将无法回收。[②]

水源之所以会成为争夺的对象主要是因为矿场多位在拿律河上游的出山口处,此区的水量较少。[③]若再遇上7月份雨量较少的干季[④],水源的分配问题更加严峻。除了有限的水源之外,矿场人们对于水资源的挥霍更是造成水源不足的重要因素。英国参政司伯治(Birch)于1874年11月到拿律视察时,便发现:"I saw abundant proof of it, that the water is wasted very much"[⑤]。

一般上,水源的分配由港门主所主导,而拿律的两大矿区——吉辇包和新吉辇的水源都引自同一个流域的源头。此外,拿律两大港门的位置相邻,经过考证,海山的吉辇包港门位在今天的太平湖一带;新吉辇并非今天距离较远的甘文丁,而是太平湖区附近的Gugup一带[⑥],即今

---

① 含有锡苗的沙土。

② Doyle, Patrick, *Tin Minning in Larut*, p. 13.

③ 上游地区的水系多位支流形态,故流量较下游来得小。

④ Arnold Wright, H. A. Cartwright, eds., *Twentieth Century Impressions of British Malaya: Its History, People, Commerce, Industries, and Resources*, London: Lloyd's Greater Britain Publishing Company, 1908, p. 557.

⑤ 虽然Doyle和Birch的调查都是发生在拿律战争之后,但当时仍处于拿律战争刚结束不久,华人的生产技术大多尚未革新,还是维持着拿律战争之前的生产方式。有关伯治的视察报告,见C. 1320 Further correspondence relating to the affairs of certain native states in the Malay Peninsula, in the neighbourhood of the Straits Settlements, 1875, p. 92。

⑥ 1861年7月4日。两位拿律海山领袖Yiong Kan和李观贵(Li Kroan Kori)以及10名手持武器枪械、锄头的苦力,从他们位在Gugop的矿场前来破坏流到伍庚辰矿场的水道。见CO273-5 Straits Settlements, Original Correspondence, pp. 493-494。

天新港门福德祠对面一带。因此,紧邻的矿区一旦矿场数量增加,加上对水资源的使用习惯较为挥霍时,便会出现水源供不应求的现象。由于矿地和水源的空间定着性,生产者在面对这种现象时也无法更换生产地点。[①] 此次爆发水源争夺的两大主角是惠州人为主的义兴和增城人为主的海山会,两者对于此次冲突的诠释略有不同。

在海山方面,根据海山领袖 Leoh Ung、Chong Mote、Chong A Han、Chin Chit Chong 提供的申诉内容表示[②],有一位名为杨苟(Yang Kew)[③] 的海山老矿主在本区开设锡矿场,开矿所需的水源系从内陆引入其矿场,这样的运作方式维持了许多年。另一名在此开矿的义兴矿主 Ah Hin(阿兴?)开矿的地点位在杨苟的水道的沿线。1861 年 5 月,Ah Hin 在毫无知会的情况下,阻断流往杨苟矿场的水源,使杨苟无法进行采矿作业。[④] 杨苟于是自行前往修复水道,但过了不久,水源再次被 Ah Hin 矿场的苦力给阻断。杨苟于是再度前往该处恢复其矿场的水源供应,但这回杨苟便被阿兴及其 10 ~ 15 名苦力包围,并且被殴打倒地,不省人事。事件后来引发义兴和海山成员之间一连串的殴斗事件,大批义兴成员逃亡槟城。[⑤]

除了海山的事件版本之外,义兴方面也有他们的版本。根据义兴领

① 隔沙淘洗成锡米过程失重量大,不敷运输成本,因此也不会有人将隔沙运送至其他地方淘洗。

② CO273-5 Straits Settlements, Original Correspondence, pp. 463-464。

③ 比对黄存桑所附上的 1872 年海山领袖提交给英国政府的陈述书当中,这位年长的 Yang Kew 应该就是海山领袖名单中的“杨苟伯”。“杨苟”的名字用客家话发音与“Yang Kew”相同。见黄存桑:《华人甲必丹》,新加坡:国家语文局,1965 年,第 106 页。

④ 矿场的水源主要用以驱动转车和淘洗。

⑤ 据海山领袖的供词,逃亡槟城的义兴成员夸大其词声称有 150 名义兴成员在冲突中死亡,500 人躲进森林中饱受饥馑,有 9 间房子被焚毁,财产损失惨重。而槟城义兴领袖在听到消息之后,未经确认便急于向英国当局申诉。见 CO273-5 Straits Settlements, Original Correspondence, pp. 463-464。

袖伍庚辰(Ung Ah Sin)[①] 和 Ung Bun Chium[②] 的说法,[③]1861 年 7 月 4 日,两位拿律海山领袖 Yiong Kan 和李观贵(Li Kroan Kori)以及 10 名手持武器枪械、锄头的苦力,从他们位在 Gugop[④] 的矿场前来破坏流到伍庚辰矿场的水道。伍庚辰和他的苦力上前想要阻止抗议,最终引发两派人马的冲突。除了伍庚辰之外,Leong Ah Tiam[⑤] 也表示他的水道也曾经被海山的 Lioh Lam、Fok Fong Chiong 等人破坏,他的矿场拥有两台抽水转车,水道的破坏使得转车无法运转抽水,导致他在吉辇包的矿场淹水。[⑥]

隔天,1 000 名海山成员全副武装,来到新吉辇,捣毁伍庚辰、Ung Bun Chium、Wee Ah Khan[⑦]、Tee Ah Tak[⑧]、陈阿锡(Chun Ah Sek)[⑨] 等义兴矿主的矿场与房子,爆发第一次的拿律械斗。

经由上述杨荀和伍庚辰两个版本的叙述,其实冲突的起因和过程大

① 对照之后提到的 Ung Ah Sin,他也叫作 Ung Kang Shin,他也是在 1873 年 5 月 3 日向英国政府的义兴领袖之一。见 C. 1111 Correspondence relating to the affairs of certain native states in the Malay Peninsula, in the neighbourhood, 1874, pp. 146-147。将 Ung Kang Shin 与黄存燊的义兴领袖名单比对,他就是伍庚辰。见黄存燊:《华人甲必丹》,第 108 页。根据 1862 年的供词,伍庚辰于 18 年前(1844 年)从中国南来槟城,7 ~ 8 年前(1851-1852 年)来到拿律开设矿场从事采矿以及锡矿贸易。他本身是一名矿主,他的资金来自 Oh Leng 等槟城商人。前述的 Oh Leng 除了是伍庚辰的缴主之外,他也是义兴的重要成员。在 1867 年槟城大暴动时,Oh Leng 曾经出借场地,让义兴领导人和大伯公会领导人进行谈判。见 The Penang Riots Commission Reports, 1868, p. 19。

② Ung Bun Chium 在 17 年前(1845 年)南来槟城,大约在 3 年前(1859 年)他来到拿律新吉辇开办锡矿场。除了自己出资外,他的资本也来自 Ung Ah Leh、Ung Weng Len 二人。从伍庚辰的姓氏 Ung 看来,这里的 Ung 应该都是伍氏(按槟城伍氏大多为新宁籍)。

③ CO273-5 Straits Settlements, Original Correspondence, pp. 493-494。

④ 原文作 Gu Gok。该地位在新港门福德祠对面的谷地。

⑤ 矿主 Leong Ah Tiam 到槟城定居已经 19 年(1843 年南来),他 6 年前到拿律开办矿场,并且将锡矿卖到槟城。

⑥ CO273-5 Straits Settlements, Original Correspondence, p. 498。

⑦ Wee Ahkhan 也作 "Wu Ah Khun",是往来拿律和槟城的矿主和贸易商。他的矿产和财产被海山党人洗劫,约损失了 2 493 西班牙元。见 CO273-5 Straits Settlements, Original Correspondence, p. 496。

⑧ Tee Ah Tak 也作 "Yi Ah Tak",约 20 年前(1841 年)南来槟城,6 年前(1856 年)来到拿律开办矿场,顾有 22 名苦力。见 CO273-5 Straits Settlements, Original Correspondence, p. 496。

⑨ Chun Ah Sek 应该就是 1868 年在槟城广东大伯公庙跟其他义兴、海山领袖共同有捐款记录的陈阿锡。陈阿锡,在 1852 年移居槟城,1857 年到吉辇包开办矿场。

致相同。借由上述过程可以得知,水源是矿场日常生产运作中不可或缺的一环,但拿律后来矿场数量迅速增加,上游地区的水源似乎已经不足以应付庞大(且使用过度)的需求,因此出现严重的纷争。综上所述,此次社会冲突的开端主要是源于产业不稳定性所带来的影响。

2. 第三次拿律战争:抢水、抢地

19世纪中叶的拿律共发生3次严重的械斗,由上可知第一次是因水源的争夺而起。然而到了1865年所发生的第二次拿律战争,它的起因并非资源争夺,而导因于与海山结盟的马来封地主因为第一次拿律战争的纠纷而对义兴采取报复性的征税措施。[①] 冲突属于第一次战争的延续,因此本文不做讨论。在第二次拿律战争之后,海山和义兴的关系并未修复,反而后续也引发诸多的冲突。

1865年第二次拿律战争之后,义兴和大伯公会(海山盟友)在暹南的通扣爆发大规模的械斗。1867年,义兴和大伯公会也在槟城发生冲突,即是著名的槟城大暴动。值得注意的是,冲突双方都是拿律械斗中的主角,特别是那些在拿律拥有巨额投资的缴主,如胡维棋、邱氏家族、王氏家族等。胡维棋个人和其他槟城股东便同时资助了拿律的5家锡矿场。[②] 邱公司家族的成员像是邱天德、邱忠波、邱允恭等人更是如此,虽然资料上没有显示他们所资助的海山矿场,但是根据档案资料,邱允恭是当地数一数二的锡矿收购商及熔锡厂主[③],邱氏家族与海山港门主郑景贵也有密切的关系。其他槟城大暴动当中的大伯公会领袖又有在拿律有

---

① 在第一次拿律战争中,义兴获得英国的支持,因此英国武力介入要求霹雳苏丹赔款,引发马来封地主和海山公司的不满。

② 这五家矿场的矿主分别为:Chong Chong(钟亚壮)与 Teoh Moh、Chong Sam 与 Teoh Tong Siah、Low What、Teoh Moh 与 Puah See、Tan Ah Seng, 见 CO273-15 Straits Settlements, Original Correspondence, p. 387。

③ 邱允恭的中和号经营锡矿收购和熔锡,资助了许多矿场,他在1888年所出产的锡矿占了拿律的8%,见 C. 5884 Further correspondence respecting the protected Malay States, 1889, p. 44。邱氏在当地也有售卖鸦片和酒的记录,见 The Straits Settlements Records(SSR)G7: Letters to Native Rulers, p. 109。

大量利益的还有李边坪父子和王文庆父子。[①]由此可见,人地关系崩解后的拿律,其锡矿争夺对于其他地区的牵连。

在第三次战争方面,根据《海峡时报》的报道,拿律在1872年2月底再次发生争端,事件源于两个华人针对一块矿地的地权起争执,这场纷争最终酿成新宁、开平、恩平人(和合社－义兴阵营)与增城人(海山阵营)之间的冲突。[②]虽然此一纷争的起源描述的较为粗略,但我们还是能够根据其他资料所提供的线索来了解当时矿地争执的发生背景。

(1)人口与土地压力。矿地争执与土地压力(赡养力)有关,至少在前面一节中本研究已经呈现了拿律无论是在矿场家数或是人口上,在1852年前后都呈现逐年增加的趋势。然而,面对人口的增加,但碍于锡矿资源特性以及技术的限制,能开采的锡矿却越来越少。此一现象在当地人口最多的矿区——海山吉辇包最为显著。在19世纪60年代初,许多海山苦力恢复自由身之后,都前往义兴矿区找工作,因此可以见到许多义兴矿主底下请了大量的海山苦力(表2)。换句话说,海山矿区的就业机会呈现萎缩的趋势。此外,到了1875年拿律战结束后,许多工人和资本(含海山资本)[③]都移往甘文丁市街一带了。[④]19世纪70年代末,

① 李边坪和王文庆都是大伯公会领袖。前者也是拿律的福建帮领袖,是当地主要的熔锡商及锡米收购商,在后来郑景贵慎之家塾建竣之后,他儿子所经营的成记锡厂也与邱天德的公司(振美号)等人共同赠送匾额以表恭贺。王文庆则与邱天德关系密切,在槟城一些福建帮的庙宇中,经常能够见到他与邱天德合送的物品(例如石柱等)。王文庆虽然未出现在拿律战争时期的档案当中,但他的儿子王润德在拿律战后当地有经营熔锡厂(The Penang Riots Commission Reports, 1868, p. 34)。王氏族人的万福公司也在1889—1891年与李边坪共同承包得拿律的总饷码。该公司由王明德、王新德、王清经等人所经营,王润德便是该公司的经理。见 Perak Government Gazette, 1890, p. 284。

② 见 *The Straits Times*, March 9, 1872, p. 3。

③ 从粤东古庙1880年的《倡建粤东古庙碑记》碑文中,便可以发现海山大哥郑景贵的旗舰锡矿场——广轮公司(该公司由广轮合记公司、广轮和记公司、广轮昌记公司、广轮珍记公司、广轮茂记公司、广轮财记公司、广轮胜记公司、广轮万记公司等8家公司组成),都将据点放在甘文丁市街一带了。广轮公司将重点在甘文丁市街一带的事实也记录在的调查报告之中。见 Doyle, Patrick. , *Tin Mining in Larut*, London: E. & F. N. Spon, 1879, p. 7。

④ Wong Lin-Ken, *The Malayan Tin Industry to 1914, with Special Reference to the States of Perak, Selangor, Negri Sembilan, and Pahang*, Tucson: University of Arizona Press, 1965, p. 85.

英国工程师 Dolye 到拿律的调查报告，对于当地的矿区叙述也只提及亚三古邦、甘文丁[①]和都拜三个矿区，并没有提及吉辇包。[②]在当时，吉辇包已不再生产锡矿，而被英国政府规划为湖滨公园，并于 1880 年正式启用。[③]从上述的蛛丝马迹可以了解，在 19 世纪 70 年代的第三次拿律战争期间，当地，特别是海山矿区的土地赡养力（矿地与人口关系），已经到了非常紧张的情况了。

表 2 新吉辇一些义兴矿主底下所聘请的义兴和海山苦力

矿主姓名	义兴苦力		海山苦力		苦力总数 / 人
	人数 / 人	占比 /%	人数 / 人	占比 /%	
陈亚九	16	24.2	50	75.8	66
Wu Ah Chong	10	33.3	20	66.7	30
Li Ah Foy	30	27.3	80	72.7	110
Chan Ah Kew	8	8.0	92	92.0	100
Lee Ah Su	16	32.0	34	68.0	50
Ham Lin	0	0.0	70	100.0	70
Chin Ah Kow	0	0.0	50	100.0	50
Yi Ah Sin	15	15.0	85	85.0	100

资料来源：CO273-15 Straits Settlements，Original Correspondence，pp.467-501。
说明：上述资料仅限于在 1861 年有向英国政府投报损失的义兴矿主，并非该港门的所有矿主。

（2）水资源的压力。在矿地争夺事件尚未落幕的同时，义兴公司与和胜公司又再爆发争夺水源的冲突。根据 1872 年 3 月 14 日新加坡《海峡时报》的报道[④]，由于义兴的矿地[⑤]位在较为上游的地方，该处一带的水源除了由义兴背景的公司矿场所使用之外，下游仍有其他公司的矿场需要使用。然而，义兴被指筑坝改变了水道的流向，影响了下游矿场的水供，下游有和胜背景（以福建人为主）的锡矿公司便派人到上游试图毁掉坝体，让水重新流至他们的矿场。在毁坝的时候，两方人马发生了殴

① 甘文丁广义上也包含新吉辇。
② Doyle Patrick, *Tin Mining in Larut*, p. 6.
③ 该公园为马来西亚第一座公共湖滨公园。
④ 该报道是引述槟城英文报 *Penang Argus* 的报道。
⑤ 原文所称的“Kleean hill”并非地名或专有名词，而是只是对一般矿山的指称。

斗事件,造成一人死亡,两人受伤的事件。[①] 和胜公司与拿律海山公司有着结盟关系。

上述两起争夺水和土地这两项生产资源的事件凸显了拿律锡矿产业环境人-地关系严重失衡的危机,人们对于生产资源的争夺没有获得马来封地主的妥善调解造成拿律再次陷入严重的冲突。

八、利益集团的反应

从上述拿律战争对于资源的叙述可以得知,本区的冲突规模相当大,与农业地带或是其他地区的械斗方式不同。矿区械斗之所以严重,与锡矿产业的三大特性资本密集、劳力密集和产销流程高度分工有关。劳力密集促使战争的涉入人数或是死亡人数动辄都有数百甚至上千人。其资本密集和高度分工的产销流程则使得这些资源的竞逐牵涉到了背后海峡殖民地港市的庞大利益集团。

由于因为矿场停产将导致巨额的资本投入无法回收,同时也将影响各种消费品及饷码服务失去庞大的市场。故可以见到冲突期间,战争的资金、物资都来自槟城与新加坡,这些海峡殖民地富商从其他地方买进战争资源,像是战船、军火及打手,运至槟城上岸,再不断地转运至拿律,两大阵营都有十分充足的武力供应。[②]

像是 Speedy 上尉就看到海山的船只 Kim Chow See 号在槟城开始装载打手和军火,[③] 准备驶往拿律。共有1 000名打手登上邱鸿财的船只,[④] 军火则由大伯公会王文德公司(Boon Teck & Co.)的船只运载,大伯公会二哥邱天保(锡矿收购商)也是这家公司的合伙人之一。[⑤]

---

① 见 *Straits Times Overland Journal*, 14 March 14, 1872, p. 5。

② 见 C. 1111 Correspondence relating to the affairs of certain native states in the Malay Peninsula, in the neighbourhood, 1874, pp. 32-33, 112。

③ 这艘船上共载有10箱,每箱有20支步枪、6尊大炮、900磅火药。

④ C. 1111 Correspondence relating to the affairs of certain native states in the Malay Peninsula, in the neighbourhood, 1874, p. 11。

⑤ 该公司其他合伙人还包括 Ong(王)Hong Buan、Chew(周)Eu Cheng,以及邱氏族人 Khoo Aing Hong、Khoo Aing Thie。*Singapore and Straits Directory*, 1877, p. 102。

在上述战争物资的筹措方面，霹雳首任参政司伯治的日记中便有记载。为了捍卫锡矿资源，海山港门主郑景贵和他的伙伴积极寻找各种支援。他找来 10 名公司领袖，并向他们承诺，倘若战事成功，他们的公司将能够获得其矿地上的利益。接受上述献议的头家必须筹集战争经费，以支付雇请打手、船只、购买枪械、大炮、子弹、火药、粮食等的庞大开销。其中一名在拿律蒙受损失的头家邱允恭便为郑景贵筹得 6 万元。邱氏在拿律投资矿场、经营船运、开设熔锡厂主、经营枋廊、烟酒饷码，因此能够理解他出巨资想赢得战争的心理。为了公平起见，其他人也应筹得 6 万元，但其余头家在筹款上面临困难，因此这些不足的费用都由郑景贵负责打点。①

此外，伯治也记载义兴领袖指出，战争期间，同一港门内的矿主必须抽出锡矿利润的 10% 作为军费。②

从上述拿律矿场背后利益集团在竞逐资源期间所做出的积极反应，某种程度显示了他们在拿律利益的摄入程度，也印证了经济利益在不同族群之间合作上的统合能力。

九、英国殖民政府与环境负载力的提升

资源与社会的平衡关系会因为战争结束，本区进入英治时代后，在技术、管理制度等因素的影响下而重新调节，改变环境的负载能力。英治时期的拿律社会发展并不是本研究的讨论重点，研究在此仅针对影响环境负载力的几项因素进行讨论，以供先前环境负载力呈现紧张的叙述作为参照。底下，本研究将简述英治时期拿律锡矿产业里头，生产资源、

① 此一事情是霹雳第一任参政司 Birch 在 1874 年 4 月视察拿律时，郑景贵告诉 Birch 的。它被记载在 Birch 的日记当中。此外，虽然郑景贵没有说明他和 10 位头家开会的时间点，但按照第三次拿律战争的发展历程看来，这应该是海山被义兴逐出拿律期间所发生的。见 James Wheeler Woodford Birch, *The Journals of J. W. W. Birch: First British Resident to Perak, 1874-1875*, Kuala Lumpur; London: Oxford University Press, 1976, p. 63。

② 见 James Wheeler Woodford Birch, *The Journals of J. W. W. Birch: First British Resident to Perak, 1874-1875*, p. 220。

技术、社会流动，以及利益集团的变化。

（一）生产资源的分配

到了英治时代，拿律已经不存在个别的港门及港门主，各种生产资源都由殖民政府所分配。

1. 地权、经营权、收购权的分配

地权方面，任何欲取得矿地者，必须向矿务注册官（Register of Mine）申请开矿许可（license）。在此情况下，所有矿地都属国有土地，人民仅有使用权而没有所有权。到了1877年9月，议政局又颁布矿业地契的使用条例，规定1.33～133.33英亩（1英亩≈4 046.86平方米）的土地使用权期限为21年，矿地取得之后若在1年内没有开始运作①，矿地将被政府回收。拿律之前的港门主、缴主、公司领袖如郑景贵、陈亚炎、邱天德、邱允恭、陈俪琴、罗云鹏等人的矿地都曾被政府回收②。政府也规定在矿区边界25英尺的范围内也不可进行开挖活动③，避免了过去矿场之间对于地权的争议。

除了土地所有权之外，政府也控制了锡矿产业的经营权，在1879年，国家所颁布的土地法令 *General Land Code* 中规定各种矿地只有在政府允许下，才能进行矿业活动。政府也从1881年年中开始，规定在霹雳境内收购锡矿的缴主或熔锡厂主需要申请执照才能够从事收购活动。④

2. 水权的分配

1874年拿律战争后，随着许多的矿场复办，为了避免矿主因为争夺水源所造成的冲突，进入拿律安排战后重建工作的Speedy上尉也将太

① 在1891年的规定是超过3个月没有运作，矿地将被收归国有。见Perak Government Gazette, 1891, pp. 912-913。

② 见Perak Government Gazette, 1891, pp. 266, 297; Perak Government Gazette, 1900, pp. 390-391, 850-851。1900年被没收土地者都是因为矿地不符合 *Mining Enactment 1899* 第15则的规定。

③ 见Perak Government Gazette, 1891, pp. 912-915, 919。

④ Perak Government Gazette, 1888, pp. 56-57。

平的96个矿场和甘文丁的43个矿场的水供权力收归政府所有，由政府负责统筹。[①] 政府也规定，每个公司有专门的水源地，水源在没有获得政府的允许下，其他公司不能擅自使用。[②]

在地权、经营权、收购权、水权等权力回到国家之后，政府更能有效控制资源与社会的平衡关系。例如在1896年，由于锡矿产量过剩，政府便暂停让人们申请矿地，以便解决产量过剩的问题。直到1898年锡产过剩问题缓解之后，政府才从新开放申请。此外在1900年，为了平均矿场和矿工数的分配比例，政府只开放有足够劳力的公司申请矿地，持有旧执照的矿主必须在1900年3月前更新。[③]

（二）新技术的引进

英治时代之后，许多新的采矿技术陆续引进拿律。像是在排水方面，传统的转车技术已经无法有效解决矿场的排水问题，因此在1877年，霹雳参政司休罗耗资4 340元引进一台机械水泵[④]，将之放置在都拜的万福成（Bun Hok Seng）矿场。此外，拥有大量资金的前海山吉辇包港门主甲必丹郑景贵也购入一台10马力（约7.46千瓦）、6英尺的Gwynne水泵，应用在他甘文丁的广轮锡矿场之中，取代传统的抽水转车。之后，他再为矿场购入一台8英尺的水泵，那可说是当时拿律及霹雳最大的水泵。[⑤] 同一时期，澳洲的矿家William Scott也把欧洲的采矿技术引进拿律。[⑥]

---

① 见 C. 1320 Further correspondence relating to the affairs of certain native states in the Malay Peninsula, in the neighbourhood of the Straits Settlements, 1875, p. 92。

② 见 "Penang", *Straits Times Weekly Issue*, July 9, 1884, p. 8、Perak Government Gazette, 1891, p. 918。

③ 见 Wong Lin-Ken, *The Malayan Tin Industry to 1914, with Special Reference to the States of Perak*, Selangor, Negri Sembilan, and Pahang, Tucson: University of Arizona Press, 1965, p. 174。

④ 由于1875年发生英殖民政府和马来统治者的霹雳战争，因此直到1877年，参政司才引进水泵。

⑤ 见 Patrick Doyle, *Tin Mining in Larut*, London: E. & F. N. Spon, 1879, p. 7。

⑥ Leonard Wray, "Some Account of the Tin Mines and the Mining Industries of Perak", *Perak Museum Notes*, Vol. 3, 1894, pp. 15-16.

新的水泵技术引进后，排水效率的提升避免了矿场的淹水问题，也增加了开矿的深度，提高矿地的使用率及锡矿收益。1883年，甘文丁的矿地已经能够挖深至20～30英尺了，这项成果已经被视为是当时采矿技术的一大突破。[①]1893年，新的开挖技术甚至能够开挖达170英尺的深度。[②]

除了矿场排水技术之外，到了19世纪90年代初又有一项新的发明被引进锡矿产业之中，那就是水笔技术（hydraulic system）[③]。这项技术的应用能大大降低劳力的需求及成本[④]，同时也减少了锡矿生产所需要的分工流程。

总体而言，水泵和水笔技术的引进，降低了锡矿生产成本，避免资源的浪费[⑤]，也改变了原来锡矿产业劳力密集、资本密集[⑥]、分工细致的特性。

（三）封闭疆界的打散

社会的封闭性可以分作产业和空间两方面来讨论。

1. 产业部门的开放

英殖民政府实行奖励多元化投资的计划，邀请海峡殖民地欧商及华商前来霹雳进行各种投资，特别是热带栽培业。[⑦]19世纪80年代，一些

① 见“A few Weeks with the Malays”, *Straits Times Weekly Issue*, March 26, 1883, p. 7。

② 例如陆佑在吉隆坡Sungai Besi的矿场。见Joseph Christopher Pasqual,“Mining”, in Gullick, M. John. ed. *History from the Selangor Journal, 1892-1897*, Kuala Lumpur: Malaysian Branch of the Royal Asiatic Society, 2007, p. 359.

③ 水笔技术主要是使用装有金属喷头的水管，配合强力水压的喷射，将隔沙射散，成为沙水；再将含有锡砂的沙水导入既有的金山沟，待沉淀后集取锡米。

④ 见Arnold Wright, H. A. Cartwright, eds. , *Twentieth Century Impressions of British Malaya: Its History, People, Commerce, Industries, and Resources*, p. 507。

⑤ 见“Revenue of Perak”, *Straits Times Overland Journal*, August19, 1879, p. 3。

⑥ 虽然机械器具的采购很耗成本，但是在减少劳力需求的之后，成本就降低了。然而若与农业相比，单位面积的矿地营运成本还是远高于农业经营。

⑦ 如热带栽培业、矿业、贸易等。

欧洲种植资本也开始进入拿律和下霹雳地区。[①]19世纪90年代至20世纪00年代,有更多欧资控股公司进入拿律的马登、新板、直弄等地进行土地开发,种植椰子、咖啡、豆蔻等。后期,橡胶更是这些大圆丘的主要种植对象。[②]

在19世纪末,可以见到一些拿律矿主及缴主开始出现多角化经营的现象,投资经济作物的种植。例如,海山港门主甲必丹郑景贵的大儿子郑大养和另一位矿家陆佑,他们都拥有上千英亩的大园丘,并且聘请欧洲籍的经理协助打理。熔锡商柯祖仕的儿子柯水成也在甘文丁附近拥有200英亩的橡胶园[③]。拿律著名熔锡商李振和(大伯公会李边坪之子)则在太平开设Moun Gee号茶叶店,代理霹雳Hermitage and Cicely茶园的茶叶,[④]与欧洲资本关系密切。本区矿家们的多角化经营,也反映在矿家们于1899年所组织的团体当中。该组织名为“霹雳矿务农商总局(The Perak Mining and Planting Association)”,兼顾矿业及热带栽培业的发展。到了20世纪初,拿律地区除了太平和甘文丁周边的矿场之外,其余地区已经成为热带栽培园遍布的地区了。[⑤]

英国进驻拿律之后也在拿律地区大兴土木,进行道路、港口、铁路、市街等各种基础建设。这些基建对建材等材料的需求,也带动了拿律各种产业的发展,例如土木工程建设所需要的砖、铁路铺设所需的枕木

① 例如上海的商人杜鲁门(W. V. Drummond)所经营的霹雳糖业公司(The Perak Sugar Cultivation Company)也在拿律北部的牛拉河口开设了6 000英亩(约24.28平方千米)的大园丘,所产的蔗糖都将从砵威港出口。见“Administration Report of the State of Perak, For 1883”, *Straits Times Weekly Issue*, March 29, 1884, p. 8。在1892年,欧商Hill以及Rathborne也注资甘文丁,设立大约258英亩的咖啡园,种植大咖啡,见Perak Government Gazette, 1891, p. 799。

② 见 *Singapore and Straits Directory*, 1900, p. 422; Arnold Wright, H. A. Cartwright, eds., *Twentieth Century Impressions of British Malaya: Its History, People, Commerce, Industries, and Resources*, London: Lloyd’s Greater Britain Publishing Company, 1908, pp. 381, 384, 386, 388, 391, 393, 403, 405。

③ Arnold Wright, H. A. Cartwright, eds., *Twentieth Century Impressions of British Malaya: Its History, People, Commerce, Industries, and Resources*, pp. 377, 435, 438, 542, 577。

④ 见 Perak Government Gazette, 1892, p. 267。

⑤ 见霹雳1929年的岁入图(Revenue Survey Map)——*Perak 1929*(1英尺比2英里)。

等。其中，太平矿家黄务美便是得益于英国，在英国所创造的游戏规则底下发迹的头家。

由上可知英殖民政府似乎吸取过去拿律战争的经验，避免将经济重心仅放在锡矿产业这一不可更新资源的“篮子”里，因此引进了热带栽培业及其他产业的进驻，使华人头家及底层苦力所能流动的部门(sector)更加多元开放。

2. 社会空间流动的基础

进入英治时代后，随着马来封地体系的瓦解①，霹雳国内已经没有所谓的马来封地了。原有的马来封地(征税范围)被重新规划，有的被整并，有的则被析分。换句话说，只要是英国所控制的地方，只需符合申请资格，都可以任意移动。更重要的是，随着1874—1895年雪兰莪、彭亨和森美兰各地陆续成为英国保护邦之后，拿律华人可流动的空间瞬间变得非常大(图1)。

在实际经验上，确实有许多拿律的义兴及海山领袖在拿律战争之后，便移往霹雳其他地区甚至是雪兰莪、彭亨等地发展，例如前往务边发展的宋继隆(海山)，往瓜拉江沙、端洛、拿乞的郑景贵(海山)，往雪兰莪、彭亨发展的陆佑(义兴)，同样往雪兰莪的陈秀连(海山)，往近打谷收购锡矿的李振和(大伯公会)等人。除了大头家之外，移往外地小矿主更不计其数。

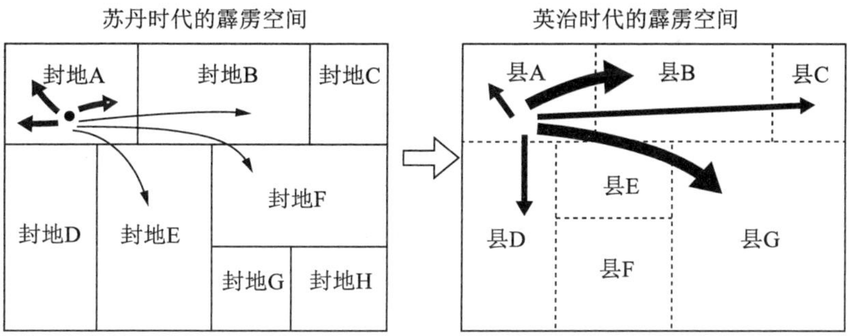

图1　英治时期前后霹雳的生活空间变化示意图

说明：黑色箭头表示人口移动的量，箭头越细代表规模越小，箭头越粗代表规模越大。

① 原有的马来封地主被殖民政府终止权力，阶级较低的贵族则被收编成为政府公务员。

（四）利益集团的解体

在国家所主要的产业游戏规则下，欧洲资本和技术开始进入拿律这个华人矿区，并在技术、资金（融资）、收购、劳力供应等层面打破原有的产销结构，促使原来的港门体系走向解体。在这个由英殖民政府主导的产业环境中，华人头家有的加入与殖民政府关系密切的欧洲资本，作为欧资利益集团（控股公司）的一员。有的引进欧洲技术和聘请欧洲技师协助经营矿场。许多矿主的资金来源也不是来自华人缴主，他们更多倾向与欧洲熔锡厂及洋行合作进行借贷，这种模式甚至在 19 世纪 80 年代之后成为主流，①原来的大缴主或大矿主对他们的制约力量也呈现减弱的趋势。②利益集团的解体意味着拿律原来的利益集团已不再依赖不可更新、不确定性高的取利模式。

在英殖民政府进驻之后，拿律锡矿产业环境也经历了一连串的重整，此过程中可以见到各种生产资源收归国有，由国家分配生产资源，依照资源的储量来分配或调节经营者的数量，维持资源和社会的平衡关系。而新技术的引进，也提升了资源的产量，也缓和了矿业人口的增加趋势。③产业部门的开放及社会流动空间的扩大也解决了过去大量人口仰赖单一产业的问题。在新的游戏规则下，过去因为回应锡矿产业特色而形成的分工结构和利益集团也随之瓦解。总体而言，上述所列出的都是令拿律矿区资源与社会重新达至平衡的调节过程。此过程也提升了拿律这个锡矿产业环境的土地赡养力，社会关系重新走向安定。

---

① 见 Wong Lin-Ken, *The Malayan Tin Industry to 1914, with Special Reference to the States of Perak, Selangor, Negri Sembilan, and Pahang*, Tucson：University of Arizona Press, 1965, pp. 163-166。此外，特别是在 19 世纪 90 年代，实得叻公司提供了近打地区许多小矿主进行融资，促使该地区迅速开发，见 “The Residential Reports on the Protected Native States in 1890. Perak”, *Straits Times Weekly Issue*, July 1, 1891, p. 10。

② 见 Tojo Tetsuo, “Chinese-Operated Tin Mining in Perak during the Late Nineteenth Century：A New Style of Labour Employment and the Problem of Absconding”, *Chinese Southern Diaspora Studies*, Vol. 3, November 2009, pp. 204-215。

③ 机械化流程逐渐取代手工，例如水笔的引进取代了大量的挖掘工的劳力。

十、结论

拿律战争是马来西亚历史的重要转折点，也是马来西亚华人社会发展的重要历史过程。长久以来，学界对于拿律战争的了解大多着眼于冲突两造的地缘、方言群等本质分类论述。虽然许多的研究都认同两大阵营因为“锡矿利益”而发生冲突，但对于此一促发冲突的因素往往多被一笔带过。本研究认为，维生与逐利是当时南来华人最主要的日常活动，拿律的锡矿产业环境与社会关系的关联应该仍有很大的讨论空间。

有鉴于锡矿产业属于与土地关系的产业，且过去的矿业经营受自然环境的制约大，相当适合以地理学人－地观点中的环境负载力概念切入。因此，本研究尝试以此观点辅以历史事实的铺陈，来建立一套解释方式。本研究认为，资源与社会的失衡是导致拿律陷入长达10年社会冲突的根本原因。

这样的失衡现象很大程度受到锡矿资源本身的不可更新性、有限性及不稳定性，以及内陆产矿所需水资源的局限性所影响。在19世纪中叶的技术背景下，华人经营者对于锡矿资源特性的回应，形成了锡矿产业资本密集、劳力密集和产销流程高度分工的产业环境特色。因此可以见到不断增加的人口及庞大的利益集团完全依附在不可更新、有限，且不稳定的资源上，加上当时拿律经济形态单一，社会流动的局限性，使得资源与社会的相对关系呈现像跷跷板两端一样的对立关系。即资源随着人口的增加而递减，环境负载力日趋紧张。当锡矿耗尽之后，社会秩序也随之崩毁。

拿律资源与社会的失衡现象并非孤立的个案，上述的解释架构也可以用来理解同一时期马来半岛其他矿区的社会冲突，如雪兰莪、森美兰、马六甲内陆及暹属通扣的经验。若对于马来半岛19世纪时的冲突事件进行归纳，也不难发现发生动乱的地点多集中在矿区，地广人稀且仰赖可更新资源的农业区则较少大规模的冲突事件。因此，产业环境以及资源与社会的平衡关系可作为理解马来半岛早期华人社会关系的切入点。

拿律的社会冲突虽然因锡矿产业而起,但这并不意味着锡矿产业必然带来冲突的社会关系。拿律发现锡矿之初,由于人口及矿场仍然不多,故即使在同一种经营方式下,资源与社会维持平衡关系、环境的负载力仍然足够承担社会的规模。本研究在最后一节也透过讨论拿律进入殖民时期后,有效的管理制度、技术的革新、部门及社会空间的开放,原利益集团的解体如何在资原型态不便的情况下,调节社会对于环境的平衡关系。透过马来苏丹时期和殖民时期对于同一项因子的前后对照,加强了环境负载力对于拿律华人社会关系解释的完整性,也呈现了拿律华人社会动态变化的图像。

附　录

“马来西亚华人史研究再出发：理论、方法与实践”工作坊赴广东陆丰考察

图 1　上陈村村民在村口欢迎考察队一行

图 2　考察队领队宋燕鹏(右)介绍考察一行成员和目的

图 3　当地书法家赠送书法作品

图 4　陈爱梅博士(右)介绍其祖父写的家谱

图 5　考察队在陈氏祖祠合影

图 6　考察队在上陈村庙宇合影

图 7　考察队在上陈村

图 8 陈爱梅博士(左)和当地书法家在祖祠前

图 9 陈耀威在给大家讲解建筑

图 10　白伟权在拍照

图 11　林育生在庙宇掷筊

图 12　宋燕鹏在玄武山看碑文

图 13　张维安教授在讲座

图 14　工作坊结束合影

（到会者从左到右：张元、林育生、张维安、宋燕鹏、陈爱梅、白伟权、陈耀威）

后 记

前言已经提到，本着为推动马来西亚华人史的研究，2018年9月在广东陆丰召开了“马来西亚华人史研究再出发：理论、方法与实践”工作坊，得到学界同仁的大力支持。马来西亚南方大学学院安焕然教授、拉曼大学陈爱梅博士、新纪元大学学院白伟权博士、槟城陈耀威建筑工作室陈耀威先生，台湾交通大学张维安教授、中研院林育生博士，厦门大学张元博士积极参加这次工作坊。感谢张维安教授、林育生博士、陈耀威先生、白伟权博士、陈爱梅博士、张元博士最后冒着“山竹”台风的风险前来参加。当天我们开完工作坊，在陈爱梅博士的祖籍地——陆丰上陈村做了田野，然后在台风的追逐下顺利“四散”，这件事成为我们日后见面都会提到的笑点。在这里要特别感谢上陈家族理事会的款待，尤其是陈瑞利及陈良操两位先生的热情接待及介绍。

本文集的出版得到中国海洋大学出版社张跃飞博士的大力支持，本书出版才成为可能。2009年8月在北京师范大学召开的博士生会议结识跃飞兄，迄今整整14年。中间各自经历了很多辗转，却依然保持着联系。本书的出版，也见证了这一友谊。

疫情终于过去，终于可以顺利出国做田野考察了。而马来西亚华人史研究，需要的就是勤奋的田野。历史学的研究，需要“回到历史现场”，也需要“共情”。“蕉风椰雨”的赤道的热带风情，榴莲、山竹大快朵颐的幸福，是难以言喻的快乐。行文至此，想起来马大中文系办公室傍晚走廊“骄横”的猴子，想起来下午办公室听见暴雨敲打窗户的声音，想起来Pantai HillPark 12层楼暴雨后不期而遇的大蜗牛，想起来这十多年来遇见的人，遇见的事，不论是好的还是坏的，都是经历……

哗啦啦八月一阵骤雨后
静寂的街头
忽然人群蜂涌
上市的消息比风还快
那档口的老板娘已笑不拢嘴
看着她的顾客弯腰屈膝
如痴如醉
膜拜之后你巍颤颤地
拾起一副盔甲
一顶自由女神的皇冠
巍颤颤地捧它于十指间
端详、估重、摇抖、倾听
又俯下尊贵的神庭
一亲它的方泽

有人掩鼻而过
退避何止三舍
想起三保大监的恶作剧他要作呕
世间美果据说都国色天香
美果红苹果澳洲金橙
哪个不玉肤凝脂
独它一副赤道莽林里的青面獠牙
气味撩人三日不绝
唉 是美是丑
是香是臭
这问题千年了还争论不休

而它却兀自巍立危山绝谷

岿然以亿万年风雨炼就的雄姿
任蝙蝠蔽天鼠蛇漫野
日日夜夜
在洁白的子宫里
孕育着稀世的醇膏
披上盔甲
戴上自由女神的皇冠
伴着八月骤雨的前奏
悠然降临人间

上面这首《榴莲赋》是已故吴岸先生的名作，抄录于此，以表对他的怀念，也寄托我对大马的思绪。

2021年8月6日初稿于北京一水轩
2023年9月9日定稿于福建漳州